Perícia Financeira
Paulo Cordeiro de Mello

Dados Internacionais de Catalogação na Publicação (CIP)
(Jeane Passos de Souza – CRB 8ª/6189)

Mello, Paulo Cordeiro de
 Perícia Financeira / Paulo Cordeiro de Mello. – São Paulo:
Editora Senac São Paulo, 2016.

 Bibliografia
 ISBN 978-65-5536-291-6 [Venda internacional]

 1. Perícia Financeira 2. Laudo pericial (Contabilidade):
Processo judicial 3. Parecer técnico econômico-financeiro
I. Título.

16-456s   CDD – 658.88
     BISAC BUS001000

Índice para catálogo sistemático:

 1. Perícia Financeira 658.88

Perícia Financeira
Paulo Cordeiro de Mello

Editora Senac São Paulo – São Paulo – 2016

Administração Regional do Senac no Estado de São Paulo

Presidente do Conselho Regional: Abram Szajman
Diretor do Departamento Regional: Luiz Francisco de A. Salgado
Superintendente Universitário e de Desenvolvimento: Luiz Carlos Dourado

Editora Senac São Paulo

Conselho Editorial: Luiz Francisco de A. Salgado
　　　　　　　　　 Luiz Carlos Dourado
　　　　　　　　　 Darcio Sayad Maia
　　　　　　　　　 Lucila Mara Sbrana Sciotti
　　　　　　　　　 Jeane Passos de Souza

Gerente/Publisher: Jeane Passos de Souza (jpassos@sp.senac.br)
Coordenação Editorial/Prospecção: Luís Américo Tousi Botelho (luis.tbotelho@sp.senac.br)
　　　　　　　　　　　　　　　　　 Dolores Crisci Manzano (dolores.cmanzano@sp.senac.br)
Administrativo: grupoedsadministrativo@sp.senac.br
Comercial: comercial@editorasenacsp.com.br

Edição e Preparação de Texto: Ivone P. B. Groenitz
Revisão de Texto: Karinna A. C. Taddeo, Rhodner Paiva
Projeto Gráfico: Fabiana Fernandes
Editoração Eletrônica e Capa: Thiago Planchart
Foto da Capa: MariuszSzczygiel, iStock

Todos os direitos desta edição reservados à
Editora Senac São Paulo
Rua 24 de Maio, 208 – 3º andar – Centro – CEP 01041-000
Caixa Postal 1120 – CEP 01032-970 – São Paulo – SP
Tel. (11) 2187-4450 – Fax (11) 2187-4486
E-mail: editora@sp.senac.br
Home page: http://www.livrariasenac.com.br

© Editora Senac São Paulo, 2016

Sumário

Nota do editor   **9**

Agradecimentos   **11**

Apresentação   **13**

1. Matemática financeira para peritos   **17**
2. Índices econômico-financeiros   **45**
3. Operações de crédito no mercado financeiro   **61**
4. Perícias financeiras envolvendo operações de crédito   **69**
5. Quesitos em matéria financeira   **83**
6. Relatórios periciais envolvendo questões financeiras na justiça – laudo pericial e parecer técnico   **95**

Apêndices   **107**

    1. Exemplos de laudos periciais financeiros   **108**

    2. Indexadores financeiros – 1996/2015   **157**

Bibliografia   **163**

Gabaritos   **167**

Ao meu pai, meu primeiro e
melhor professor de matemática.

Nota do editor

Esta publicação tem o olhar voltado para a perícia financeira, abordando alguns dos principais temas necessários para que você possa desenvolver seu trabalho de maneira prática como: operações financeiras, índices econômico-financeiros, operações de crédito, perícias financeiras que envolvem operações de crédito, quesitos em matéria financeira, relatórios periciais, além de alguns exemplos de laudo pericial financeiro e parecer técnico para facilitar a compreensão de situações que podem ser enfrentadas nas perícias que envolvem operações financeiras.

Paulo Cordeiro de Mello e o Senac São Paulo trazem mais este título, que, além de conter a apresentação dos principais temas necessários para o desenvolvimento de trabalhos técnicos em operações financeiras, está atualizado com as condições constantes do Novo Código de Processo Civil, aprovado pela Lei nº 13.105/2015, que tem como objetivo auxiliar os profissionais que atuam na área ou que pretendem atuar.

Agradecimentos

Não é uma tarefa fácil conseguir, em algumas linhas, homenagear todas as pessoas que tiveram importância no período da construção de um livro. No entanto, como não posso deixar este espaço em branco, preciso destacar a participação de algumas pessoas pela sua relevância em minha vida e pelo apoio em tantas iniciativas e projetos, especialmente este.

Claudia, que acompanhou este trabalho desde o início, como minha namorada, e participará ainda dos momentos posteriores, como minha esposa. Muito obrigado por todo apoio e parceria. Minha mãe, que é sempre uma atenta leitora de meus textos e, como cuidadosa pedagoga, acabou sendo informal revisora do livro. Ao Ricardo Pocetti, muito obrigado pela amizade e pelas boas conversas sobre as estratégias para o desenvolvimento do livro. E, ainda, meu agradecimento especial para toda a equipe da Editora Senac São Paulo por confiar em mais um projeto meu sobre perícia, destacando também a participação da amiga Priscila dos Santos e de todos os profissionais de sua equipe no Senac São Paulo.

Relevante lembrar de todos os magistrados que sempre confiaram em meu trabalho como perito judicial em tantos processos envolvendo o tema perícia financeira em que fui nomeado para atuar. Em mais de quinze anos de atuação, a lista de nomeações é enorme e a quantidade de juízes com os quais acredito ter cooperado para o esclarecimento de dúvidas sobre questões financeiras também é grande, mas sempre destaco a importância do dr. Nemer Jorge Júnior (*in memoriam*), responsável pela minha primeira nomeação como perito em um processo envolvendo questões financeiras, sem esquecer do dr. Iberê de Castro Dias, do dr. Miguel Ferrari Junior e do dr. Luiz Fernando Balieiro Lodi, que participaram dos meus primeiros passos na função pericial. Enfim, como já destaquei, são muitos anos de atuação, então os agradecimentos estão estendidos a todos os demais magistrados que depositaram – e continuam depositando – confiança em meu trabalho como perito.

Preciso ainda lembrar de todo o incentivo de alunos e professores participantes das diversas turmas do curso de extensão em perícia contábil ministrado em unidades do Senac São Paulo, assim como na Trevisan Escola de Negócios, na Unisescon São Paulo, no Sescon Grande Florianópolis e no Sescon Santa Catarina, além de tantas outras instituições de todo o país, nas quais consigo desenvolver projetos que envolvem perícia contábil e financeira.

Não posso me esquecer também dos órgãos de classe que tanto valorizam os temas relacionados com perícia financeira, como os Conselhos Federais e Regionais de Contabilidade, de Economia e de Administração.

Finalmente, agradeço ainda por todas as oportunidades de debates e conversas sobre perícia financeira dos quais pude participar nesses anos de atuação como perito judicial, com os colegas Luiz Gonzaga Junqueira de Aquino Filho, Giancarlo Zannon, Eduardo Boniolo, Ivam Ricardo Peleias e Fabíola Peleias, Sandra Batista, Silvia Cavalcante, Luiz Farinholi, Waldo Marcondes, Pedro Afonso Gomes, José Marcos e Sueli Bossa, entre tantos outros profissionais da perícia que vivenciam as questões financeiras na justiça brasileira.

Apresentação

Desde os primeiros trabalhos periciais que desenvolvi em minha carreira, percebi a enorme importância que possuem as questões envolvendo a matéria financeira, especialmente as operações de crédito em discussão nos processos judiciais. Os juízes e os advogados estão muitas vezes concentrados nas análises sobre a cobrança de juros, a aplicação de indexadores financeiros, as metodologias de cálculos em sistemas de amortização, entre outros aspectos técnicos e financeiros debatidos em ações judiciais e que podem acabar gerando a necessidade do chamado de especialistas para o esclarecimento de dúvidas sobre esses temas.

O volume de ações judiciais que envolvem questões financeiras de operações de crédito em andamento no Brasil é enorme, o que é confirmado por diversos estudos e relatórios divulgados pelo Conselho Nacional de Justiça. As instituições financeiras estão relacionadas em destaque na lista de maiores demandantes de processos judiciais no país.

A análise sobre a aplicação de uma taxa de juros pode envolver dois aspectos: o legal e o técnico. A legalidade da taxa de juros é objeto de estudo do magistrado, mas a forma de cálculo e a incidência de uma taxa de juros são a base para análise dos profissionais com conhecimento técnico-científico especial. Assim, profissionais com formação em ciências econômicas, ciências contábeis e administração de empresas são normalmente convidados para auxiliar juízes e advogados na elucidação de questões sobre aspectos técnicos financeiros necessárias para a completa compreensão das operações que são objeto de estudo nas demandas judiciais.

Durante a divulgação do livro *Perícia contábil*, publicado pelo Senac São Paulo, recebi uma série de pedidos para que o aspecto financeiro das perícias fosse mais explorado em uma nova publicação. Colhendo todas as dúvidas e pedidos, complementando com minha experiência profissional acumulada nesses anos em que atuo como perito judicial, além de professor de perícia contábil e financeira, e somando-se ainda o conhecimento que adquiri desde a minha formação universitária em ciências econômicas e em ciências contábeis, aceitei o desafio e preparei este novo texto.

Esta publicação pretende auxiliar os profissionais que atuam ou pretendem atuar em perícia financeira, com a apresentação dos principais temas necessários para o desenvolvimento de trabalhos técnicos. Novamente tive a preocupação com a preparação de um trabalho prático, didático e atualizado, pensando em todos os elementos essenciais para as situações que podem ser enfrentadas nas perícias que envolvem operações financeiras, principalmente as operações creditícias em debate no judiciário brasileiro.

O capítulo 1 apresenta o tema que é a base de nosso estudo, representado pelos conceitos e pelas funcionalidades da matemática financeira. É importante destacar que as ferramentas expostas nesse capítulo são adequadas aos trabalhos periciais, detalhando conceitos de juros, métodos de cálculo e principalmente a forma de tratamento dessas informações no ambiente da perícia. Devemos ressaltar que o público destinatário final de uma perícia financeira é formado por juízes e advogados, então a matéria técnica precisa ser muito bem explicada e demonstrada, para que o objetivo da perícia seja atingido. Então, destacamos que as fórmulas matemáticas e os demonstrativos de cálculo precisam ser didaticamente apresentados nos trabalhos técnicos periciais.

Já no capítulo 2 são indicados os principais índices econômico-financeiros utilizados no mercado e que muitas vezes são objeto de estudo em processos judiciais. A completa compreensão sobre a origem do índice, sua composição e forma de cálculo, além de sua evolução histórica e as consequências de sua aplicação em operações, bem como a eventual comparação técnica com outros indexadores, são úteis para as explicações normalmente demandadas em vários tipos de processos.

Existem diversas operações financeiras disponíveis no mercado. Nesta publicação, no capítulo 3, relacionamos e aprofundamos o estudo sobre as operações de crédito mais conhecidas, nas modalidades de empréstimos, financiamentos e arrendamentos, comumente objeto de discussões em processos financeiros.

O capítulo 4 apresenta o esclarecimento das situações nas quais ocorre o deferimento para a realização de uma perícia financeira, em que abordaremos os aspectos sobre os atos de nomeação do perito judicial, indicação de assistente técnico, formulação de quesitos, prazos da perícia, elaboração de laudo pericial e parecer técnico, entre outras condições profissionais, ambientadas em processos judiciais que envolvam questões financeiras.

Considerando a relevância do tema quesitos, o capítulo 5 abordará esse assunto de maneira mais profunda, definindo quesitos iniciais e suplementares, com a complementação do estudo por meio de exemplos práticos sobre a formulação de quesitos financeiros, bem como a forma técnica adequada para seu atendimento.

Finalmente, no capítulo 6, são detalhadas as formas de elaboração e apresentação dos relatórios periciais em processos judiciais que envolvem questões financeiras, com a diferenciação entre o laudo elaborado pelo perito judicial e o parecer preparado pelo assistente técnico.

São indicadas ainda, nesta publicação, atividades propostas ao final de cada capítulo, com sugestões para resolução de questões, cálculos, entre outras. Além disso, também faz parte do texto os apensos com a identificação de laudos desenvolvidos e adaptados para estudo, além da evolução de indexadores estudados no livro.

Informamos ainda que o livro está atualizado com as condições constantes do Novo Código de Processo Civil, aprovado pela Lei nº 13.105, de 16 de março de 2015, que entrou em vigor no dia 18 de março de 2016, destacando inclusive situações pontuais comparadas com os dispositivos legais anteriores, identificados na Lei nº 5.869, de 11 de janeiro de 1973 do Código de Processo Civil e alterações posteriores. No texto utilizamos para o Novo Código de Processo Civil a sigla Novo CPC e para o Código de Processo Civil de 1973 simplesmente CPC.

1
Matemática financeira para peritos

Após a leitura deste capítulo, você poderá:

+ entender os conceitos de capital, montante e juros (simples, compostos, nominais e efetivos);

+ realizar cálculos de juros (simples, compostos, nominais e efetivos);

+ realizar cálculos em operações de descontos e pelo método hamburguês;

+ desenvolver planilhas de cálculo pelos sistemas de amortização (SAC, Price e SAM).

Iniciamos nosso estudo com a abordagem dos conceitos básicos de matemática financeira, necessária para que seja possível a compreensão de suas aplicações práticas e a realização de cálculos de juros nos métodos simples e composto, além de possibilitar a utilização de ferramentas para a construção de diversos cálculos financeiros.

O completo entendimento dos conceitos que serão apresentados e a utilização adequada de fórmulas de cálculo para a demonstração de taxas de juros e sua incidência, a aplicação de índices de atualização e ainda a elaboração de planilhas financeiras didáticas e detalhadas são exaustivamente demandados nos trabalhos periciais que envolvem questões financeiras como as principais operações de crédito em discussão nos processos judiciais.

Dessa forma, o profissional que se dedica aos trabalhos com perícias financeiras terá em suas mãos os elementos necessários para a realização adequada de seus trabalhos técnicos.

Capital, juros e montante

Em operações financeiras, o capital representa o valor emprestado em moeda, durante determinado período de tempo. O agente que empresta o capital recebe como remuneração o valor que denominamos juros, sendo esse o equivalente ao percentual que incide sobre o valor (capital) disponibilizado na operação.

Dessa forma, a taxa de juros é o valor dos juros para determinado período de tempo, na forma de percentual, e incide sobre o capital emprestado.

Na soma dos valores de capital e dos juros, obteremos como resultado o montante da operação financeira.

Agora, vejamos o exemplo para compreender a aplicação dos conceitos apresentados de capital e de juros, a seguir:
- Se um capital de R$ 1.000,00 for emprestado por 1 mês, pela taxa nominal de 2% ao mês, teremos o valor dos juros de R$ 20,00. Assim, com um capital de R$ 1.000,00, emprestado por 1 mês, com juros de R$ 20,00, o montante será igual ao valor de R$ 1.020,00.

Se denominarmos capital de "C", montante de "M", juros de "J", número de períodos de "n", e ainda a taxa de juros de "i", então teremos as seguintes fórmulas básicas para os cálculos financeiros dos valores de juros, montante e taxa de juros:

$J = C \times i \times n$ O valor dos juros é igual ao valor de capital multiplicado pela taxa de juros e pelo número de períodos.

$M = C + J$ O montante é igual ao valor do capital adicionado ao valor dos juros.

$i = \dfrac{M}{C} - 1$ A taxa de juros é igual ao valor do montante sobre o valor do capital, e após reduzido de uma unidade de valor.

Juros simples

Quando a taxa de juros incide somente sobre o capital, ocorre o cálculo de juros na forma simples, ou juros simples, também conhecido como regime de capitalização simples. As fórmulas de cálculo aplicáveis para os juros simples estão demonstradas no item "Capital, juros e montante".

O cálculo de juros simples ocorre sempre com a incidência sobre o capital, mesmo em vários períodos de empréstimo. Nesses casos, haverá o cálculo para cada período de forma constante e proporcional sobre o capital inicial.

Assim, vejamos a demonstração da aplicação das fórmulas de cálculo de juros simples conforme as condições do exemplo seguinte:
- Se um capital de R$ 1.000,00 for emprestado por 4 meses, com a taxa de juros simples de 2% ao mês, será apurado o valor total dos juros de R$ 80,00 e então o montante final será de R$ 1.080,00.
    - Cálculo dos juros:
    $J = C \times i \times n$
    $J = R\$ 1.000,00 \times 2\% \times 4$
    $J = R\$ 80,00$

- Cálculo do montante:

M = C + J

M = R$ 1.000,00 + R$ 80,00

M = R$ 1.080,00

Se os cálculos forem realizados de outra forma, com os mesmos dados do exemplo anterior, mas indicados na sequência, sendo o capital de R$ 1.000,00, emprestado por 4 meses, com o montante final de R$ 1.080,00, teríamos então o seguinte cálculo para a apuração da taxa de juros aplicada:

- Cálculo da taxa de juros ao mês:

$$i = \frac{M}{C} - 1$$

$$i = \frac{R\$\ 1.080,00}{R\$\ 1.000,00} - 1$$

i = 0,08 ou 8% pelo período de 4 meses, que é equivalente ao percentual de 2% de juros simples ao mês, como segue:

8% / 4 = 2% ao mês

Considerando agora essas mesmas condições do exemplo detalhado anteriormente, com juros simples, capital de R$ 1.000,00, taxa de juros de 2%, período de 4 meses, demonstrados em planilha de cálculo, poderíamos identificar a seguinte visualização de dados:

Tabela 1. Demonstração em planilha de cálculo com juros simples

Período	Taxa de juros a.m.	Valor de juros (R$)	Capital (R$)
0	-	-	1.000,00
1	2%	20,00	1.000,00
2	2%	20,00	1.000,00
3	2%	20,00	1.000,00
4	2%	20,00	1.000,00
Valor total		80,00	1.080,00

Então, com o cálculo de juros simples, temos as seguintes observações sobre as contas demonstradas:

I – O percentual de juros, 2% ao mês, no 1º, 2º, 3º e 4º mês, incide sobre o valor do capital original de R$ 1.000,00 do mês zero, chegando ao resultado de R$ 20,00 de juros em cada um dos meses, sem incorporação de juros ao capital, mantendo-se o valor do capital de incidência dos juros.

II – Somente ao final do período, nesse caso no 4º mês, o valor total dos juros simples calculados de R$ 80,00, obtidos pela somatória de 4 parcelas de juros simples de R$ 20,00 cada, será adicionado ao capital original de R$ 1.000,00, chegando-se ao valor total do montante ao final do período da operação, de R$ 1.080,00.

Assim, fica evidenciada a incidência do cálculo de percentual de juros apenas sobre o capital inicial, com a incorporação dos juros ao capital somente ao final do período, demonstrando os juros simples.

Juros compostos

Para o cálculo dos juros na forma composta ou dos juros compostos, também conhecidos como regime de capitalização composta, deverá ocorrer a incidência sobre o capital acrescido de juros de período anterior. Então, os juros compostos incidem sobre o capital e os juros e não somente sobre o capital, como é o caso dos juros simples.

Diferentemente do sistema de cálculo com juros simples, no regime de juros compostos, ao final de cada período de cálculo, os juros desse mesmo período serão incluídos no capital, passando a ocorrer a incidência de juros do momento subsequente sobre o capital já acrescido de juros anteriores.

Apresentamos a seguir as fórmulas de cálculo dos juros compostos, denominando capital de "C", montante de "M", juros de "J", número de períodos de "n" e taxa de juros de "i":

$M = C \times (1 + i)^n$ O montante é igual ao resultado de uma unidade adicionada ao percentual de juros e, depois elevada ao número de períodos, tudo isso multiplicado pelo valor do capital.

Apresentamos o exemplo de cálculo com a incidência de juros compostos:

- Se calcularmos com um capital de R$ 1.000,00, emprestado por 4 meses, com a taxa de juros compostos de 2% ao mês, será apurado o montante total de R$ 1.082,43, com o valor total de juros compostos de R$ 82,43:
  - Cálculo de montante:

    $M = C \times (1 + i)^n$

    $M = R\$ 1.000,00 \times (1 + 2\%)^4$

    $M = R\$ 1.000,00 \times (1 + 0,02)^4$

    $M = R\$ 1.000,00 \times (1,02)^4$

    $M = R\$ 1.000,00 \times 1,08243$

    $M = R\$ 1.082,43$

Para o mesmo exemplo indicado anteriormente, com cálculo de juros compostos, capital de R$ 1.000,00, taxa de juros de 2%, no período de 4 meses, pela demonstração em planilha financeira, é possível observar toda a operação detalhada, com visualização da evolução dos percentuais de juros, dos valores de juros e do capital incorporado mensalmente de juros.

Tabela 2. Demonstração em planilha de cálculo com juros compostos

Período	Taxa de juros a.m.	Valor de juros (R$)	Capital (R$)
0	-	-	1.000,00
1	2%	20,00	1.020,00
2	2%	20,40	1.040,40
3	2%	20,81	1.061,21
4	2%	21,22	1.082,43
Valor total de juros		82,43	-

Dessa forma, está evidenciado na tabela 2 o cálculo mensal de juros que incidem, a partir do 2º mês, sobre o capital já incorporado dos juros de cada período anterior. O percentual de juros, no caso 2% ao mês, é calculado sobre o capital acrescido de juros. Então, com o cálculo de juros na forma composta, observamos sobre as contas demonstradas que:

I – O percentual de juros, 2% ao mês, no 1º mês, incide sobre o valor do capital original de R$ 1.000,00 do mês zero, chegando ao resultado de R$ 20,00 de juros no 1º mês e ao saldo devedor total no primeiro mês de R$ 1.020,00.

II – Já o percentual de juros, 2% ao mês, no 2º mês, incide sobre o valor do capital original acrescido do valor de juros do 1º mês, R$ 1.000,00 + R$ 20,00 = R$ 1.020,00, chegando ao resultado de R$ 20,40 de juros no 2º mês e ao saldo devedor total no 2º mês de R$ 1.040,40.

III – No 3º mês, o percentual de juros, 2% ao mês, incide sobre o valor do saldo apurado no 2º mês, formado pelo capital incorporado de juros, R$ 1.020,00 + R$ 20,40 = R$ 1.040,40. Assim, chegamos ao resultado de R$ 20,81 de juros no 3º mês e ao saldo devedor total nesse mês de R$ 1.061,21.

IV – No 4º mês, o percentual de juros, 2% ao mês, incide sobre o valor do saldo apurado no 3º mês, formado pelo capital incorporado de juros, R$ 1.040,40 + R$ 20,81 = R$ 1.061,21. Assim, chegamos ao resultado de R$ 21,22 de juros no 4º mês e ao saldo devedor total nesse mês de R$ 1.082,43.

Diferenças entre juros simples e juros compostos

Nos itens "Juros simples" e "Juros compostos", detalhamos as formas de cálculo com a aplicação de juros simples e de juros compostos, ficando evidenciado que: os juros simples incidem somente sobre capital; e os juros compostos são calculados sobre capital acrescido de juros. Também é possível observar que nos juros simples a forma de cálculo é linear e nos juros compostos existe o cálculo exponencial.

Com base nos exemplos de cálculos com juros simples e compostos apresentados nos itens anteriores (C = R$ 1.000,00, i = 2% a.m., e n = 4 meses), montamos a tabela 3:

Tabela 3. Relação de juros calculados de forma simples e composta

Período	Taxa de juros a.m.	Juros simples (R$)	Juros compostos (R$)
1	2%	20,00	20,00
2	2%	20,00	20,40
3	2%	20,00	20,81
4	2%	20,00	21,22

Como demonstrado na tabela 3, fica evidenciado que os juros simples são sempre no mesmo valor, ou seja, R$ 20,00; já com a incidência de juros compostos, os valores de juros ficarão cada vez maiores: R$ 20,00 no 1º mês, R$ 20,40 no 2º mês, R$ 20,81 no 3º mês e R$ 21,22 no 4º mês. Assim, o total de juros apurado na forma simples será apenas a somatória das quatro parcelas de juros simples de R$ 20,00, totalizando o valor de R$ 80,00.

E, no caso dos juros compostos, o total acumulado e composto de juros será de R$ 82,43.

Vejamos a seguir a demonstração detalhada, mensalmente, para o exemplo de cálculo com os percentuais de juros, capitais incidentes dos juros, e valores de juros, tanto para juros simples quanto para juros compostos.

Tabela 4. Demonstração do cálculo com juros simples

Período	Taxa de juros a.m.	Capital (R$)	Valor de juros (R$)	Capital sem juros (R$)
1	2%	1.000,00	20,00	1.000,00
2	2%	1.000,00	20,00	1.000,00
3	2%	1.000,00	20,00	1.000,00
4	2%	1.000,00	20,00	1.000,00
Valor total de juros e capital + juros			80,00	1.080,00

Tabela 5. Demonstração do cálculo com juros compostos

Período	Taxa de juros a.m.	Capital (R$)	Valor de juros (R$)	Capital com juros (R$)
1	2%	1.000,00	20,00	1.020,00
2	2%	1.020,00	20,40	1.040,40
3	2%	1.040,40	20,81	1.061,21
4	2%	1.061,21	21,22	1.082,43

Juros nominais e efetivos

Nos cálculos financeiros que são realizados com a aplicação de juros pode existir ainda a identificação da nomenclatura de juros nominais e efetivos. De acordo com definição apresentada pelo professor Alexandre Assaf Neto (2012, p. 23):

> A taxa efetiva de juros é a taxa de juros apurada durante todo o prazo "n", sendo formada exponencialmente através dos períodos de capitalização. Ou seja, taxa efetiva é o processo de formação dos juros pelo regime de juros compostos ao longo do período de capitalização.

A fórmula de cálculo para a apuração da taxa efetiva seria então a seguinte, sendo "q" o número de períodos de capitalização:

Taxa efetiva de juros = $(1 + i)^q - 1$

Assim, tendo como exemplo uma taxa nominal de juros de 4,5% ao mês, sua taxa efetiva de juros, ou seja, a taxa de juros equivalente para a capitalização em um período de 12 meses, seria a seguinte:

Taxa efetiva de juros = $(1 + i)^q - 1$
Taxa efetiva de juros = $(1 + 4,5\%)^{12} - 1$
Taxa efetiva de juros = $(1 + 0,045)^{12} - 1$
Taxa efetiva de juros = $(1,045)^{12} - 1$
Taxa efetiva de juros = $1,6959 - 1$
Taxa efetiva de juros = $0,6959$ ou 69,59% ao ano

Dessa forma, a taxa nominal de juros de 4,5%, pode ser representada pela taxa efetiva de juros de 69,59% ao ano, com o regime de capitalização composta.

No entanto, quando se pretende apurar a taxa nominal por juros proporcionais simples, basta-se dividir o valor da taxa anual por 12 meses. Tendo como exemplo uma taxa de juros de 24% ao ano, dividida por 12 meses, encontramos a taxa nominal de juros mensal de 2%, pelo regime de juros simples ou capitalização simples.

Operação de desconto

O desconto financeiro ocorre quando um título com vencimento futuro é antecipado e recebe-se um valor menor. O valor do desconto – a diferença entre o valor do título e o valor recebido antecipadamente – pode ser indicado em percentual para que se identifique a taxa de desconto.

Sendo o valor do desconto "D", o valor do título "T" e o valor presente ou antecipado "P", teremos a seguinte fórmula:

D = T – P

Exemplificando, tendo um valor de título com vencimento futuro no valor de R$ 1.000,00, do qual será recebido antecipadamente o valor de R$ 800,00, apura-se o valor do desconto de R$ 200,00.

D = R$ 1.000,00 − R$ 800,00 = R$ 200,00

- O valor do desconto apurado é de R$ 200,00.

A taxa de desconto "d", em função de um período "n", pode ser obtida pela seguinte fórmula:

$$d = \frac{D}{T \times n}$$

Assim, considerando os mesmos dados do exemplo anterior, sendo T = R$ 1.000,00, D = R$ 200,00, e o período n = 1, teríamos o cálculo:

$$d = \frac{R\$ \ 200,00}{R\$ \ 1.000,00 \times 1} = 0,2 \ ou \ 20\%$$

- A taxa de desconto da operação é de 20% para o período de tempo considerado.

Método hamburguês

O método hamburguês é realizado utilizando a aplicação de cálculo de taxas de juros simples sobre saldos devedores de uma operação, ou seja, pelo sistema de capitalização de juros simples. Sua aplicação ocorre quando existem diferentes capitais em diferentes prazos, com uma mesma taxa de juros para o período. Assim, esse método de cálculo é representado pela multiplicação da taxa diária de juros pela soma dos produtos dos diversos valores de saldos devedores (ou capitais) pelo prazo (dias).

Para a observação da aplicação do método hamburguês, apresentamos o seguinte exemplo de evolução de saldos em uma conta-corrente, com a incidência de juros mensais simples de 7,5%, representados então por juros diários de 0,25% sobre os valores de saldos negativos da operação de crédito, representando a cobrança de juros sobre os valores de crédito utilizados:

Tabela 6. Representação da cobrança de juros sobre valores de crédito utilizados

Dia	Saldos (R$)	Percentual de juros diários	Valores de juros diários (R$)
1	10,16	-	
2	10,78	-	
3	10,91	-	
4	10,91	-	
5	10,91	-	
6	10,81	-	
7	10,81	-	
8	10,81	-	
9	10,81	-	
10	(286,84)	0,25%	(0,72)
11	(424,84)	0,25%	(1,06)
12	(312,65)	0,25%	(0,78)
13	(147,65)	0,25%	(0,37)
14	(147,65)	0,25%	(0,37)
15	(147,65)	0,25%	(0,37)
16	(130,07)	0,25%	(0,33)
17	(130,07)	0,25%	(0,33)
18	160,18	-	-
19	111,58	-	-
20	111,58	-	-
21	(20,69)	0,25%	(0,05)
22	(20,69)	0,25%	(0,05)
23	(428,65)	0,25%	(1,07)
24	10,68	-	-
25	86,81	-	-
26	84,21	-	-
27	10,23	-	-
28	10,23	-	-
29	10,23	-	-
30	10,23	-	-

Para cada saldo devedor (saldo negativo) incide a taxa de juros simples proporcional diária (7,5% ao mês / 30 = 0,25% ao dia). Assim, temos cada uma das contas para apuração de juros diários:

- Juros no dia 10: (R$ 286,84) × 0,25% = (R$ 0,72)
- Juros no dia 11: (R$ 424,84) × 0,25% = (R$ 1,06)
- Juros no dia 12: (R$ 312,65) × 0,25% = (R$ 0,78)
- Juros no dia 13: (R$ 147,65) × 0,25% = (R$ 0,37)
- Juros no dia 14: (R$ 147,65) × 0,25% = (R$ 0,37)
- Juros no dia 15: (R$ 147,65) × 0,25% = (R$ 0,37)
- Juros no dia 16: (R$ 130,07) × 0,25% = (R$ 0,33)
- Juros no dia 17: (R$ 130,07) × 0,25% = (R$ 0,33)
- Juros no dia 21: (R$ 20,69) × 0,25% = (R$ 0,05)
- Juros no dia 22: (R$ 20,69) × 0,25% = (R$ 0,05)
- Juros no dia 23: (R$ 428,65) × 0,25% = (R$ 1,07)

A somatória de cada um dos saldos devedores observados na conta é de R$ 2.197,45 e o total dos valores de juros calculados no exemplo é de R$ 5,50. Assim, multiplicando-se por 30 o total de juros cobrados no período e dividindo-se esse valor pelo total de saldos negativos diários, encontraremos exatamente o percentual de juros mensais de 7,5%, como segue: R$ 5,50 × 30 / R$ 2.197,45 = 7,5%.

Planos de pagamento

Uma operação de crédito, como um empréstimo ou um financiamento, pela qual ocorre a disponibilização de recursos financeiros para pagamento em parcelas com juros, representa um plano de pagamento e possui os seguintes dados financeiros básicos: capital "C"; taxa de juros "i"; quantidade de parcelas para pagamento "n"; e ainda o valor de parcelas para pagamento.

Em qualquer plano de pagamento com juros é necessário ainda o estabelecimento de critérios técnicos para o seu cálculo, como o método de cálculo dos juros e a forma de apuração das prestações mensais, normalmente formadas por juros e amortização.

Existem algumas formas amplamente utilizadas para o estabelecimento de planos de pagamento em parcelas com juros e amortização, conhecidas como sistemas de amortização de empréstimos.

Sistemas de amortização

As operações financeiras podem ser analisadas em função da forma de pagamento dos juros e da devolução do capital emprestado. É possível encontrar diversas modalidades de sistemas de amortização de empréstimos utilizados no mercado financeiro brasileiro, como Sistema de Amortização Constante (SAC), Sistema de Amortização Francês ou Price (Tabela Price) e Sistema de Amortização Misto (SAM).

Detalharemos, com a apresentação de exemplos, as fórmulas de cálculo e as condições para a construção de demonstrativos dos sistemas conhecidos de amortização, com indicação de resultados e análises técnicas úteis para o entendimento de sua forma de apuração e evolução.

Sistema de Amortização Constante

O Sistema de Amortização Constante (SAC) possui como característica principal a realização de amortizações em valores constantes, ou seja, com o mesmo valor de amortização para cada período de pagamento, durante toda a operação financeira.

O SAC é bastante utilizado no Brasil, sendo adotado em algumas modalidades de empréstimos e ainda em contratos do Sistema Financeiro da Habitação (SFH).

Nesse sistema, com a ocorrência de amortizações constantes, a taxa de juros mensal incide sobre capital cada vez menor, resultando em prestações decrescentes.

Como as amortizações são iguais em todo o período da operação, basta dividir o valor do capital emprestado pela quantidade de parcelas previstas. Utilizando como exemplo um empréstimo com as seguintes condições: capital: R$ 2.500,00; n: 5; i: 3% a.m., o valor de cada amortização mensal será obtido pelo seguinte cálculo:

Capital	Quantidade de parcelas		Amortização mensal
R$ 2.500,00	/ 5	=	R$ 500,00

Portanto, o valor de cada amortização mensal apurada é de R$ 500,00, mantendo-se esse mesmo valor por todo o período da operação financeira.

Já para calcular a primeira prestação, deve-se utilizar a fórmula a seguir:

Amortização + (Taxa de juros × Capital) = Parcela

Vejamos a apuração do valor da primeira parcela, com a aplicação da fórmula indicada e utilizando os dados do exemplo:

Cálculo da 1ª parcela
R$ 500,00 + (3% × R$ 2.500,00) = R$ 575,00

Dessa forma, a taxa de juros é calculada sobre o valor do capital, que, acrescido do valor da amortização, forma o valor da primeira parcela, no caso, R$ 575,00.

Para todas as parcelas seguintes serão utilizados os mesmos critérios de cálculo, conforme indicado:

Cálculo da 2ª parcela
R$ 500,00 + (3% × R$ 2.000,00) = R$ 560,00

Cálculo da 3ª parcela
R$ 500,00 + (3% × R$ 1.500,00) = R$ 545,00

Cálculo da 4ª parcela
R$ 500,00 + (3% × R$ 1.000,00) = R$ 530,00

Cálculo da 5ª parcela
R$ 500,00 + (3% × R$ 500,00) = R$ 515,00

É possível observar que as taxas de juros mensais são calculadas em função do valor de capital anterior, então os juros incidem sobre o capital inicial na primeira parcela e sobre o capital mensal amortizado para todos os outros períodos de cálculo. A parcela de juros diminui já que incide sobre o capital amortizado mensalmente.

No fim da operação financeira, o saldo devedor é zerado, pois foi totalmente amortizado com o pagamento das parcelas mensais, que são formadas por juros simples incidentes sobre capital não incorporado de juros e amortização constante.

Nos trabalhos periciais financeiros, muitas vezes será necessário detalhar todos os critérios utilizados para a identificação dos valores, das taxas e da forma de apuração dos resultados obtidos. Será interessante a utilização de planilhas de cálculo para uma melhor visualização do sistema de amortização estudado, como é o caso do SAC.

Vejamos como ficaria uma representação em planilha de cálculo desenvolvida para o exemplo apresentado anteriormente, pelo sistema SAC (capital: R$ 2.500,00; n: 5; i: 3% a.m.):

Tabela 7. Representação pelo SAC

Período	Parcela (R$)	Valor de juros (R$)	Taxa de juros	Amortização (R$)	Capital (R$)
0	-	-	-	-	2.500,00
1	575,00	75,00	3%	500,00	2.000,00
2	560,00	60,00	3%	500,00	1.500,00
3	545,00	45,00	3%	500,00	1.000,00
4	530,00	30,00	3%	500,00	500,00
5	515,00	15,00	3%	500,00	0,00

Constam da tabela 7:
- coluna 1 – os períodos que representam a quantidade de meses da operação;
- coluna 2 – os valores de parcelas mensais, constituídas por juros e amortização, que indicam a somatória dos valores das colunas 3 e 5;

- coluna 3 – a apresentação dos cálculos dos valores de juros mensais, por meio da incidência do percentual de juros da coluna 4 sobre o valor do capital indicado na linha anterior da coluna 6;
- coluna 4 – os percentuais de juros mensais por período da operação;
- coluna 5 – as amortizações mensais, em valores constantes, que são apuradas pela divisão do valor do capital inicial pelo número de parcelas da operação;
- coluna 6 – a identificação do capital amortizado mensalmente, feita pela dedução do valor da amortização constante da coluna 5 do valor da coluna 6 do mês anterior.

Sistema Francês de Amortização

O Sistema Francês de Amortização (Tabela Price) é um método de amortização caracterizado pela realização de pagamentos de parcelas constantes, ou seja, com o mesmo valor durante todo o período da operação.

A Tabela Price é muito utilizada, sendo amplamente estabelecida em diversas modalidades de operações de empréstimos e financiamentos, como em contratos do SFH.

Nesse sistema de amortização, com o cálculo de valores das parcelas iguais, formadas por juros e amortização, a taxa de juros incide sobre o capital amortizado e é menor a cada período, resultando em amortizações crescentes.

O cálculo do valor das parcelas pelo sistema Price é o seguinte:

$$\text{Parcela} = \frac{C \times i}{1 - \frac{1}{(1 + i)^n}}$$

Sendo assim, se realizarmos um cálculo para uma operação de empréstimo, com a utilização da Tabela Price, sendo C: R$ 2.500,00; n: 5; i: 3% a.m., teremos:

$$\text{Parcela} = \frac{R\$\ 2.500{,}00 \times 3\%}{1 - \frac{1}{(1 + 3\%)^5}}$$

$$\text{Parcela} = \frac{R\$ 75,00}{1 - \dfrac{1}{(1,03)^5}}$$

$$\text{Parcela} = \frac{R\$ 75,00}{1 - \dfrac{1}{1,159274}}$$

$$\text{Parcela} = \frac{R\$ 75,00}{1 - 0,862609}$$

$$\text{Parcela} = \frac{R\$ 75,00}{0,137391}$$

Parcela = R$ 545,89

Conforme o resultado do exemplo citado anteriormente, o valor de cada parcela mensal pela Tabela Price seria de R$ 545,89.

Para o cálculo do valor dos juros no primeiro período de pagamento, devemos realizar a multiplicação da taxa de juros pelo capital original da operação:

Capital	Taxa de juros	Valor dos juros da 1ª parcela
R$ 2.500,00	× 3%	= R$ 75,00

Após isso será possível o cálculo do valor da primeira amortização, pela apuração da diferença entre o valor da prestação e o valor dos juros:

Valor da 1ª parcela	Valor de juros da 1ª parcela	Valor da 1ª amortização
R$ 545,89	− R$ 75,00	= R$ 470,89

Para todas as demais parcelas do plano de pagamento pela Tabela Price devem ser utilizados os mesmos critérios de cálculo detalhados anteriormente:

- Cálculos dos valores de juros e amortização na 2ª parcela

Capital após a 1ª amortização	Taxa de juros	Valor de juros da 2ª parcela
R$ 2.029,11	× 3%	= R$ 60,87

Valor da 2ª parcela	Valor de juros da 2ª parcela	Valor da 2ª amortização
R$ 545,89	− R$ 60,87	= R$ 485,01

- Cálculos dos valores de juros e amortização na 3ª parcela

Capital após a 2ª amortização	Taxa de juros	Valor de juros da 3ª parcela
R$ 1.544,10	× 3%	= R$ 46,32

Valor da 3ª parcela	Valor de juros da 3ª parcela	Valor da 3ª amortização
R$ 545,89	− R$ 46,32	= R$ 499,56

- Cálculos dos valores de juros e amortização na 4ª parcela

Capital após a 3ª amortização	Taxa de juros	Valor de juros da 4ª parcela
R$ 1.044,54	× 3%	= R$ 31,34

Valor da 4ª parcela	Valor dos juros da 4ª parcela	Valor da 4ª amortização
R$ 545,89	− R$ 31,34	= R$ 514,55

- Cálculos dos valores de juros e amortização na 5ª parcela

Capital após a 4ª amortização	Taxa de juros	Valor de juros da 5ª parcela
R$ 529,99	× 3%	= R$ 15,90

Valor da 5ª parcela	Valor juros da 5ª parcela	Valor da 5ª amortização
R$ 545,89	− R$ 15,90	= R$ 529,99

No final do período da operação financeira demonstrada, verificamos que o saldo devedor é zerado, pois foi totalmente amortizado após os pagamentos das parcelas mensais, que são formadas por juros simples incidentes sobre capital não incorporado de juros e amortização constante.

Já para a demonstração dos cálculos detalhados anteriormente, com a utilização de planilha financeira, teríamos a seguinte visualização de dados com a utilização do exemplo pela sistemática da Tabela Price:

Tabela 8. Demonstração de cálculos pela sistemática da Tabela Price

Período	Parcela (R$)	Valor de juros (R$)	Taxa de juros	Amortização (R$)	Capital (R$)
0	-	-	-	-	2.500,00
1	545,89	75,00	3%	470,89	2.029,11
2	545,89	60,87	3%	485,01	1.544,10
3	545,89	46,32	3%	499,56	1.044,54
4	545,89	31,34	3%	514,55	529,99
5	545,89	15,90	3%	529,99	-

Para a construção da planilha de cálculo, devemos lembrar ainda que o valor da prestação deve ser obtido por meio da aplicação da fórmula básica de cálculo da Tabela Price. O Excel possui ainda uma fórmula financeira de cálculo chamada "PGTO", na qual devem ser inseridos os seguintes dados: taxa de juros por período da operação, "Taxa"; número total de pagamentos da operação, "NPer"; e ainda o valor presente da operação, ou seja, o valor do capital emprestado, "Vp".

Com base em tudo que foi demonstrado, verificamos que, na Tabela Price, as parcelas mensais são fixas, formadas por juros e amortização; os valores de juros pagos são decrescentes e não são incorporados ao capital, representando juros simples; as amortizações são crescentes; e o saldo devedor decrescente, chegando ao valor de zero no fim do período da operação.

Sistema de Amortização Misto

Outro sistema de amortização de empréstimos que merece destaque é o Sistema de Amortização Misto (SAM). Ele é construído com base na média dos resultados obtidos pelo SAC e pela Tabela Price.

Para a identificação dos valores aplicáveis para os cálculos do SAM é necessária a prévia apuração dos resultados com as sistemáticas do SAC e da Tabela Price. Após a apuração devem ser feitos os cálculos de cada um dos valores médios para chegar aos valores de cada elemento do SAM.

Para que fiquem mais claros os procedimentos de cálculo para a construção do SAM, vejamos novamente a demonstração dos resultados obtidos nos exemplos com planilhas de SAC e Tabela Price, sendo: C: R$ 2.500,00; n: 5; i: 3% a.m.:

Tabela 9. Planilha de cálculo pelo SAC

Período	Parcela (R$)	Valor de juros (R$)	Taxa de juros	Amortização (R$)	Capital (R$)
0	-	-	-	-	2.500,00
1	575,00	75,00	3%	500,00	2.000,00
2	560,00	60,00	3%	500,00	1.500,00
3	545,00	45,00	3%	500,00	1.000,00
4	530,00	30,00	3%	500,00	500,00
5	515,00	15,00	3%	500,00	-

Tabela 10. Planilha de cálculo pela Tabela Price

Período	Parcela (R$)	Valor de juros (R$)	Taxa de juros	Amortização (R$)	Capital (R$)
0	-	-	-	-	2.500,00
1	545,89	75,00	3%	470,89	2.029,11
2	545,89	60,87	3%	485,01	1.544,10
3	545,89	46,32	3%	499,56	1.044,54
4	545,89	31,34	3%	514,55	529,99
5	545,89	15,90	3%	529,99	-

Então, para o cálculo dos valores das parcelas, dos juros, da amortização e dos saldos devedores mensais do SAM deve-se realizar a soma de cada um dos respectivos valores por período identificado, tanto no SAC quanto na Tabela Price, e depois calcular as médias aritméticas desses valores por período, encontrando-se assim cada um dos valores no método SAM, como segue:

1ª parcela SAC	1ª parcela Tabela Price	1ª parcela SAM
(R$ 575,00	+ R$ 545,89)	/ 2 = R$ 560,44

1ᵒˢ juros SAC	1ᵒˢ juros Tabela Price	1ᵒˢ juros SAM
(R$ 75,00	+ R$ 75,00)	/ 2 = R$ 75,00

1ª amortização SAC	1ª amortização Tabela Price	1ª amortização SAM
(R$ 500,00	+ R$ 470,89)	/ 2 = R$ 485,44

1º saldo devedor SAC	1º saldo devedor Tabela Price	1º saldo devedor SAM
(R$ 2.000,00	+ R$ 2.029,11)	/ 2 = R$ 2.014,56

2ª parcela SAC	2ª parcela Tabela Price	2ª parcela SAM
(R$ 560,00	+ R$ 545,89)	/ 2 = R$ 552,94

2ᵒˢ juros SAC	2ᵒˢ juros Tabela Price	2ᵒˢ juros SAM
(R$ 60,00	+ R$ 60,87)	/ 2 = R$ 60,44

2ª amortização SAC	2ª amortização Tabela Price	2ª amortização SAM
(R$ 500,00	+ R$ 485,01)	/ 2 = R$ 492,51

2º saldo devedor SAC	2º saldo devedor Tabela Price	2º saldo devedor SAM
(R$ 1.500,00	+ R$ 1.544,10)	/ 2 = R$ 1.522,02

3ª parcela SAC	3ª parcela Tabela Price	3ª parcela SAM
(R$ 545,00	+ R$ 545,89)	/ 2 = R$ 545,44

3ᵒˢ juros SAC	3ᵒˢ juros Tabela Price	3ᵒˢ juros SAM
(R$ 45,00	+ R$ 46,32)	/ 2 = R$ 45,66

3ª amortização SAC (R$ 500,00)	3ª amortização Tabela Price + R$ 499,56)	3ª amortização SAM / 2 = R$ 499,78
3º saldo devedor SAC (R$ 1.000,00)	3º saldo devedor Tabela Price + R$ 1.044,54)	3º saldo devedor SAM / 2 = R$ 1.022,27
4ª parcela SAC (R$ 530,00)	4ª parcela Tabela Price + R$ 545,89)	4ª parcela SAM / 2 = R$ 537,94
4ºˢ juros SAC (R$ 30,00)	4ºˢ juros Tabela Price + R$ 31,34)	4ºˢ juros SAM / 2 = R$ 30,67
4ª amortização SAC (R$ 500,00)	4ª amortização Tabela Price + R$ 514,55)	4ª amortização SAM / 2 = R$ 507,28
4º saldo devedor SAC (R$ 500,00)	4º saldo devedor Tabela Price + R$ 529,99)	4º saldo devedor SAM / 2 = R$ 514,99
5ª parcela SAC (R$ 515,00)	5ª parcela Tabela Price + R$ 545,89)	5ª parcela SAM / 2 = R$ 530,44
5ºˢ juros SAC (R$ 15,00)	5ºˢ juros Tabela Price + R$ 15,90)	5ºˢ juros SAM / 2 = R$ 15,46
5ª amortização SAC (R$ 500,00)	5ª amortização Tabela Price + R$ 529,99)	5ª amortização SAM / 2 = R$ 514,99
5º saldo devedor SAC (R$ 0,00)	5º saldo devedor Tabela Price + R$ 0,00)	5º saldo devedor SAM / 2 = R$ 0,00

Com os resultados obtidos em cada um dos cálculos detalhados anteriormente, encontramos todos os valores necessários para a elaboração da planilha de cálculo pelo SAM.

Apresentamos a completa visualização dos resultados obtidos pelo SAM, com a inclusão de cada um dos valores apurados para o exemplo desenvolvido na planilha demonstrativa a seguir:

Tabela 11. Planilha de cálculo com o SAM

Período	Parcela (R$)	Valor de juros (R$)	Taxa de juros	Amortização (R$)	Capital (R$)
0	-	-	-	-	2.500,00
1	560,44	75,00	3%	485,44	2.014,56
2	552,94	60,44	3%	492,51	1.522,05
3	545,44	45,66	3%	499,78	1.022,27
4	537,94	30,67	3%	507,28	514,99
5	530,44	15,45	3%	514,99	-

Com base em tudo o que foi apurado e ainda pelo que pode ser verificado no demonstrativo elaborado para a visualização do SAM, observamos que esse método é representado pela média dos valores obtidos pelas metodologias do SAC e da Tabela Price. No SAM, os valores de parcelas, juros e amortizações são variáveis, sendo que os valores de parcelas e juros são decrescentes, as amortizações são crescentes, os juros são simples e o saldo é zerado no fim do período da operação de crédito.

RESUMO DO CAPÍTULO

As operações financeiras são realizadas com a aplicação dos conceitos de matemática financeira. Capital, montante e juros são componentes básicos das operações financeiras, além das condições para cálculo de taxa de juros, simples ou compostos, nominais ou efetivos, bem como a preparação de sistemas de amortização, a operação de desconto e o método hamburguês.

Termos-chave

Capital, montante, juros, taxa de juros, juros simples, juros compostos, juros nominais, juros efetivos, operação de desconto, método hamburguês, sistema de amortização, sistema de amortização constante, Tabela Price, sistema de amortização misto.

ATIVIDADES PROPOSTAS

Realize as questões matemáticas indicadas com base nos conceitos, nas fórmulas e nos métodos detalhados neste capítulo:

1. Qual é o valor de juros, considerando o capital emprestado de R$ 2.200,00, para pagamento único com prazo de um ano, à taxa de 13% ao ano simples?
2. Se um capital de R$ 1.450,00 for emprestado por um mês, pela taxa nominal de 3,5% ao mês, qual é o valor do montante (capital e juros)?
3. Um capital de R$ 4.800,00 foi aplicado durante 8 meses, gerando um montante de R$ 6.000,00. Qual a taxa de juros do período?
4. Um título de 4.700,00 foi antecipado com a cobrança do valor de desconto de R$ 350,00. Qual a taxa de desconto dessa operação?
5. Uma duplicata de R$ 6.230,00 foi descontada em um banco, à taxa de desconto de 2,3% pelo período. Qual o valor antecipado nessa operação?
6. Na planilha de cálculo a seguir, com a aplicação do SAC, qual é a taxa de juros ao mês da operação?

Período	Parcela (R$)	Valor de juros (R$)	Amortização (R$)	Capital (R$)
0	-	-	-	8.000,00
1	1.840,00	240,00	1.600,00	6.400,00
2	1.792,00	192,00	1.600,00	4.800,00
3	1.744,00	144,00	1.600,00	3.200,00
4	1.696,00	96,00	1.600,00	1.600,00
5	1.648,00	48,00	1.600,00	-

7. Qual é o valor da 3ª parcela de uma operação de empréstimo, realizada com a aplicação do SAC, tendo: capital emprestado de R$ 12.000,00; taxa de juros nominais de 1,5% ao mês; para pagamento em 10 parcelas mensais e consecutivas?
8. Qual é o valor dos juros da 5ª parcela de uma operação de empréstimo, com aplicação do SAC, tendo: capital emprestado de R$ 3.500,00; taxa de juros nominais de 2,7% ao mês; para pagamento em 5 parcelas mensais e consecutivas?

9. Na tabela a seguir, construída com base no Sistema de Amortização Francês, ou Tabela Price, qual é o percentual de juros mensal?

Período	Parcela (R$)	Valor de juros (R$)	Amortização (R$)	Capital (R$)
0	-	-	-	3.850,00
1	840,67	115,50	725,17	3.124,83
2	840,67	93,75	746,92	2.377,91
3	840,67	71,34	769,33	1.608,59
4	840,67	48,26	792,41	816,18
5	840,67	24,49	816,18	-

10. No plano de pagamento detalhado a seguir, com base no SAM, qual é a taxa de juros mensal da operação?

Período	Parcela (R$)	Valor de juros (R$)	Amortização (R$)	Capital (R$)
0	-	-	-	4.000,00
1	453,17	68,00	385,17	3.614,83
2	449,77	61,45	388,32	3.226,51
3	446,37	54,85	391,52	2.834,98
4	442,97	48,19	394,78	2.440,21
5	439,57	41,48	398,09	2.042,12
6	436,17	34,72	401,46	1.640,66
7	432,77	27,89	404,88	1.235,78
8	429,37	21,01	408,36	827,42
9	425,97	14,07	411,91	415,51
10	422,57	7,06	415,51	-

11. Em uma operação de empréstimo, utilizando o SAC, com empréstimo no valor de R$ 6.750,00 (capital), para pagamento em 6 parcelas mensais, com taxa de juros de 2% ao mês, quais são os valores de amortização, de juros e da parcela total para o primeiro mês?

12. Na tabela a seguir, construída com base no Sistema de Amortização Francês, ou Tabela Price, qual é o percentual de juros ao mês da operação?

Período	Parcela (R$)	Valor de juros (R$)	Amortização (R$)	Capital (R$)
0	-	-	-	4.333,00
1	946,13	80,16	865,97	3.467,03
2	946,13	64,14	881,99	2.585,04
3	946,13	47,82	898,31	1.686,73
4	946,13	31,20	914,93	771,81
5	946,13	14,28	931,85	-

13. Em uma operação de empréstimo, com aplicação da Tabela Price, sendo o capital emprestado de R$ 2.635,00, para pagamento em 4 parcelas mensais, com taxa de juros de 2,42% ao mês, qual o valor das parcelas?

14. No plano de pagamento detalhado a seguir, considerando a aplicação do SAM, qual é a taxa de juros mensal?

Período	Parcela (R$)	Valor de juros (R$)	Amortização (R$)	Capital (R$)
0	-	-	-	2.400,00
1	277,59	48,00	229,59	2.170,41
2	275,19	43,41	231,78	1.938,62
3	272,79	38,77	234,02	1.704,61
4	270,39	34,09	236,30	1.468,31
5	267,99	29,37	238,63	1.229,68
6	265,59	24,59	241,00	988,68
7	263,19	19,77	243,42	745,26
8	260,79	14,91	245,89	499,38
9	258,39	9,99	248,40	250,97
10	255,99	5,02	250,97	-

15. Em um financiamento, com a cobrança de parcelas mensais formadas por juros e amortização, com a aplicação da Tabela Price, sendo o capital emprestado de R$ 7.685,00, para pagamento em 10 parcelas mensais, com taxa de juros de 1,99% ao mês, o valor das parcelas mensais será de R$ 855,10. Determine qual o valor da primeira amortização.

2
Índices econômico-financeiros

Após a leitura deste capítulo, você poderá:

+ entender o que é um índice econômico-financeiro;

+ conhecer os principais índices econômico-financeiros existentes no mercado financeiro nacional, suas características e diferenças;

+ realizar cálculos com a aplicação de índices econômico-financeiros.

Após o estudo sobre conceitos e aplicações práticas das ferramentas da matemática financeira, que normalmente são utilizadas pelos peritos em seus estudos técnicos que envolvem operações de crédito, passaremos agora ao momento do entendimento sobre conceitos e utilizações de índices de atualização.

Diversos indexadores são aplicados para a atualização de valores em operações financeiras. Esses índices são representados por percentuais apurados com ferramentas estatísticas, cada um com a sua metodologia específica, e indicam como está a economia em determinado período.

Muitos dos índices de correção eleitos em contratos são indicadores de inflação, considerando assim a apuração de variações de preços de mercado. Os efeitos da inflação estão relacionados com a perda de poder aquisitivo da moeda em função da elevação de preços de mercado. Dessa forma, existem diversos institutos de pesquisa econômica dedicados ao levantamento de dados e à construção de metodologia para a apuração das medidas inflacionárias. Já a situação inversa da inflação, a deflação, é representada pela redução média de preços de mercado, que é identificada por índices negativos no período em questão.

O índice agregado ponderado é normalmente o modelo estatístico utilizado para a construção de uma medida de inflação, estabelecendo para cada item da amostra estudada um peso proporcional. Esse tipo de modelo é adequado para o estudo econômico do custo de vida e dos efeitos da inflação, considerando que cada componente de uma cesta de produtos escolhida terá participação diferenciada no hábito de consumo da população.

Outras variações de valores durante um período podem ser utilizadas para a mensuração de seus impactos sobre a economia. Essas variações podem ser aplicadas para correção de valores e operações financeiras, como a variação cambial – representada pelas oscilações percentuais de aumento ou redução dos valores de cotação de uma moeda em relação a outra em determinado período – e a evolução dos valores de salário mínimo – expressa pela identificação de percentual de variação de seus aumentos.

Muitas vezes os peritos e assistentes técnicos são chamados para o esclarecimento de questões, conceitos e também para o desenvolvimento de estudos que envolvem diversos índices econômico-financeiros. Seja em função de dúvidas técnicas a respeito da metodologia de um índice, como sua forma de composição e apuração, seja para situações práticas como o cálculo de atualização de valores utilizando a aplicação de diversos índices, ou ainda para comparação entre índices, os profissionais dedicados aos trabalhos periciais precisam demonstrar conhecimento e preparo técnico para a solução de dúvidas ou para apuração de resultados.

Cada instituto de pesquisa que se dedica à construção de um índice econômico-financeiro desenvolve metodologia própria, sendo relevante conhecer suas principais características e condições, inclusive para a compreensão de suas diferenças e variações ao longo do tempo.

Assim, para uma melhor compreensão sobre os principais índices de correção utilizados em operações financeiras, apresentamos a seguir o detalhamento técnico desses indicadores. Além disso, estão apresentados no apêndice 2 do livro as variações percentuais mensais dos índices aqui relacionados, para o seu estudo técnico complementar, com a percepção de sua evolução e ainda eventuais comparações e utilização para outros estudos e até para cálculos propostos em atividades.

Ressalvamos que não é o objetivo desta publicação tentar elencar todos os possíveis indexadores existentes em nosso país, situação essa que seria exagerada e quase impraticável, considerando que existe uma enorme quantidade de índices publicados, com diversas funções e grande variedade de objetivos de mensuração. Além disso, os índices relacionados a seguir estão em destaque no cenário nacional, possuindo significativa representatividade na adoção em diversos tipos de contratos financeiros, sendo relevantes inclusive para o estudo de seus impactos nos processos judiciais que são objeto de perícias financeiras.

Índices de preços

Índice Nacional de Preços ao Consumidor Amplo

O Índice Nacional de Preços ao Consumidor Amplo (IPCA) é um índice agregado e ponderado, produzido pelo Instituto Brasileiro de Geografia e Estatística (IBGE), calculado entre o primeiro e o último dia do mês de referência, abrangendo famílias com renda mensal entre 1 e 40 salários mínimos, qualquer que seja a fonte de renda. Para o cálculo do IPCA/IBGE é realizada a coleta de dados nas regiões metropolitanas de Belém,

Fortaleza, Recife, Salvador, Belo Horizonte, Rio de Janeiro, São Paulo, Curitiba, Vitória, Porto Alegre, Brasília e municípios de Goiânia e Campo Grande.

No IPCA/IBGE são considerados os seguintes componentes ponderados: alimentação, artigos de residência, habitação, transporte, comunicação, vestuário, saúde e cuidados pessoais, educação e despesas pessoais.

Índice Nacional de Preços ao Consumidor

O Índice Nacional de Preços ao Consumidor (INPC) é calculado pelo IBGE, tendo como base famílias com rendimentos mensais de 1 até 5 salários mínimos, sendo pessoa de referência assalariados em sua ocupação principal, residentes em áreas urbanas das mesmas regiões englobadas no IPCA e com ponderação feita pelos mesmos componentes desse índice. A coleta de dados do INPC também é feita entre o primeiro e o último dia do mês considerado.

O IBGE divulga ainda o Índice Nacional de Preços ao Consumidor Amplo-15 (IPCA-15). Além desses, outros índices e pesquisas desenvolvidas pelo IBGE já foram divulgados, como os seguintes indexadores: Índice de Preços ao Consumidor (IPC), de março de 1986 até fevereiro de 1991; Índice de Reajuste de Valores Fiscais (IRVF), de junho de 1990 até janeiro de 1991; Índice da Cesta Básica (ICB), de agosto de 1990 até janeiro de 1991; Índice de Reajuste do Salário Mínimo (IRSM), de janeiro de 1992 até junho de 1994; Índice Nacional de Preços ao Consumidor Especial (INPC-E), de novembro de 1992 até junho de 1994; Índice de Preços ao Consumidor série r (IPC-r), de julho de 1994 até junho de 1995.

Índice Geral de Preços

O Índice Geral de Preços (IGP) é um índice desenvolvido pela Fundação Getulio Vargas (FGV), obtido pela média aritmética ponderada dos seguintes índices da própria FGV: Índice de Preços ao Produtor Amplo (IPA), com peso de 60% do IGP; Índice de Preços ao Consumidor (IPC), com peso de 30% do IGP; e Índice Nacional de Custo da Construção (INCC), com peso de 10% do IGP. O IGP é desenvolvido nas seguintes denominações: Índice Geral de Preços – Disponibilidade Interna (IGP-DI), Índice Geral de Preços – 10 (IGP-10) e Índice Geral de Preços – Mercado (IGP-M).

A FGV divulga o IGP-DI com coleta de dados entre os dias 1 e 30 do mês de referência. Já para o IGP-10 são considerados dados entre o dia 11 do mês anterior e o dia 10 do mês de referência para coleta. O IGP-M é coletado entre o dia 21 do mês anterior e o dia 20 do mês de referência. As diversas modalidades do IGP possuem a mesma composição, tendo como diferença apenas o período de apuração para cada cálculo.

Índice de Preços ao Consumidor

A Fundação Instituto de Pesquisas Econômicas (Fipe) realiza os cálculos para apuração do Índice de Preços ao Consumidor (IPC). O IPC/Fipe é calculado como base em uma pesquisa do consumo de bens e serviços feita entre pessoas com renda entre 1 e 10 salários mínimos, na cidade de São Paulo.

Índices financeiros

Taxa Referencial

A Taxa Referencial (TR) foi criada pela medida provisória 294, de 1º de fevereiro de 1991, como forma de substituição do Bônus do Tesouro Nacional (BTN).

A TR é calculada pelo Banco Central do Brasil (Bacen) e divulgada mensalmente, com base na remuneração média mensal, líquida de impostos, dos depósitos a prazo fixo captados nas agências de bancos comerciais, bancos de investimento ou de títulos públicos, considerando metodologia estabelecida pelo Conselho Monetário Nacional (CMN).

A TR é utilizada como base para cálculo da remuneração das cadernetas de poupança, além de indexar diversos contratos bancários, como os contratos do SFH, para correção de saldos devedores dos contratos de crédito imobiliário.

Sistema Especial de Liquidação e de Custódia

O Sistema Especial de Liquidação e de Custódia (Selic) representa um índice utilizado como base para as taxas de juros cobradas pelos bancos no país. Representa ainda um instrumento de política monetária do Bacen para atingir metas de taxas de juros estabelecidas pelo Comitê de Política Monetária (Copom).

Podemos observar o seguinte conceito apresentado pelo Bacen para a taxa Selic:

> É a taxa apurada no Selic, obtida mediante o cálculo da taxa média ponderada e ajustada das operações de financiamento por um dia, lastreadas em títulos públicos federais e cursadas no referido sistema ou em câmaras de compensação e liquidação de ativos, na forma de operações compromissadas. Esclarecemos que, neste caso, as operações compromissadas são operações de venda de títulos com compromisso de recompra assumido pelo vendedor, concomitante com compromisso de revenda assumido pelo comprador, para liquidação no dia útil seguinte. Ressaltamos, ainda, que estão aptas a realizar operações compromissadas, por um dia útil, fundamentalmente as instituições financeiras habilitadas, tais como bancos, caixas econômicas, sociedades corretoras de títulos e valores mobiliários e sociedades distribuidoras de títulos e valores mobiliários.
>
> Fonte: Banco Central do Brasil. "Selic".

Além disso, devemos destacar ainda que a taxa Selic, conforme a redação dada pela Lei nº 12.703, de 7 de agosto de 2012, passou a ter importância para a apuração dos rendimentos da caderneta de poupança, alterando o disposto no artigo 12 da Lei nº 8.177/91, como segue:

> Art. 12. Em cada período de rendimento, os depósitos de poupança serão remunerados:
> I – como remuneração básica, por taxa correspondente à acumulação das TRD, no período transcorrido entre o dia do último crédito de rendimento, inclusive, e o dia do crédito de rendimento, exclusive;
> II – como remuneração adicional, por juros de:

a) 0,5% (cinco décimos por cento) ao mês, enquanto a meta da taxa Selic ao ano, definida pelo Banco Central do Brasil, for superior a 8,5% (oito inteiros e cinco décimos por cento); ou

b) 70% (setenta por cento) da meta da taxa Selic ao ano, definida pelo Banco Central do Brasil, mensalizada, vigente na data de início do período de rendimento, nos demais casos.

Outros indexadores

Como já descrito na apresentação do capítulo, existem muitos índices econômico-financeiros em nosso país, calculados por diversos institutos e com diferentes metodologias e funções. Em operações financeiras podemos encontrar alguns dos índices detalhados neste capítulo.

Além dos índices detalhados anteriormente, destacamos ainda os índices de variações cambiais, que representam a variação percentual dos valores de cotação em moeda nacional de moeda estrangeira; as variações percentuais de aumento do salário mínimo; os índices setoriais do setor de construção civil, tendo como exemplo o INCC-FGV e o Custo Unitário Básico calculado pelo Sindicato da Indústria da Construção Civil (CUB-Sinduscon); e os índices de rendimentos da caderneta de poupança, entre outros, considerados para cada necessidade e contrato específico.

No apêndice 2 estão detalhadas as variações percentuais desses principais indexadores.

Cálculos com índices

Seja qual for o índice objeto de estudo, quando uma perícia financeira precisa desenvolver os cálculos com a aplicação de suas variações ou ainda analisar sua evolução em determinado período, será necessária a preparação de cálculos e planilhas demonstrativas.

Para que seja realizada a correção de um valor, de uma data para uma nova data, por meio da aplicação de um índice, deve ser feito o seguinte cálculo:

$$\text{Valor final} = \text{Valor inicial} \times (1 + \text{Índice de variação do período})$$

Assim, considerando como exemplo um valor em uma data inicial de R$ 1.000,00, com a aplicação de variação de 7,2% para o período de correção, teríamos o seguinte cálculo e o resultado alcançado:

Valor final = R$ 1.000,00 × (1 + 0,072)

Valor final = R$ 1.000,00 × (1,072)

Valor final = R$ 1.072,00

Para a correção desse mesmo valor encontrado, de R$ 1.072,00, mas para uma data posterior, com a aplicação de uma nova variação de 3% para esse período considerado, será realizada a seguinte conta:

Valor final = R$ 1.072,00 × (1 + 0,03)

Valor final = R$ 1.072,00 × (1,03)

Valor final = R$ 1.104,16

Assim, as variações de valores nos dois períodos dos exemplos apresentados, em sequência, são:

Valor inicial (R$)	Índice de correção	Valor final (R$)
1.000,00	7,2%	1.072,00
1.072,00	3%	1.104,16

Além disso, é possível observar também que a variação percentual final para o período completo em estudo é de 10,416%. Vejamos a demonstração técnica:

Variação percentual = (Valor final − Valor inicial) / Valor inicial

Variação percentual = (R$ 1.104,16 − R$ 1.000,00) / R$ 1.000,00

Variação percentual = R$ 104,16 / R$ 1.000,00 = 10,416%

Devemos lembrar que, em uma perícia financeira, é importante demonstrar a forma de cálculo, os índices aplicados e a origem dos dados utilizados, para que as condições técnicas aplicadas fiquem compreensíveis ao destinatário final do trabalho feito.

Histórico de alterações de moedas no Brasil

No Brasil, existe um histórico de alterações da moeda nacional, com mudanças do padrão monetário, e ainda diversas substituições de sua nomenclatura e conversão de valores. Desde julho de 1994, com a criação do real (R$), não tivemos mais nenhum plano econômico com modificação da moeda brasileira, o que representou a última reforma significativa do sistema monetário nacional.

É importante destacar que em muitas perícias financeiras é necessária a realização de conversões de valores em períodos com alguma alteração da moeda, sendo que em alguns processos judiciais existem análises em diversos períodos. Mas, provavelmente, com a continuidade da moeda atual, essas situações tornar-se-ão cada vez mais raras. De qualquer forma, é ainda relevante conhecer o histórico das alterações de padrões monetários brasileiros e, para tanto, apresentamos o resumo divulgado pelo Bacen:

CRUZEIRO 1.000 réis = Cr$ 1 (com centavos) 1º/11/1942	O Decreto-lei nº 4.791, de 5/10/1942 (DOU de 6/10/1942), instituiu o cruzeiro como unidade monetária brasileira, com equivalência a mil réis. Foi criado o centavo, correspondente à centésima parte do cruzeiro. **Exemplo:** 4:750$400 (quatro contos, setecentos e cinquenta mil e quatrocentos réis) passou a expressar-se Cr$ 4.750,40 (quatro mil, setecentos e cinquenta cruzeiros e quarenta centavos).
CRUZEIRO (sem centavos) 2/12/1964	A Lei nº 4.511, de 1º/12/1964 (DOU de 2/12/1964), extinguiu a fração do cruzeiro denominada centavo. Por esse motivo, o valor utilizado no exemplo acima passou a ser escrito sem centavos: Cr$ 4.750 (quatro mil, setecentos e cinquenta cruzeiros).

(cont.)

CRUZEIRO NOVO Cr$ 1.000 = NCr$ 1 (com centavos) 13/2/1967	O Decreto-lei nº 1, de 13/11/1965 (DOU de 17/11/1965), regulamentado pelo Decreto nº 60.190, de 8/2/1967 (DOU de 9/2/1967), instituiu o cruzeiro novo como unidade monetária transitória, equivalente a mil cruzeiros antigos, restabelecendo o centavo. O Conselho Monetário Nacional, pela Resolução nº 47, de 8/2/1967, estabeleceu a data de 13/2/1967 para início de vigência do novo padrão. **Exemplo:** Cr$ 4.750 (quatro mil, setecentos e cinquenta cruzeiros) passou a expressar-se NCr$ 4,75 (quatro cruzeiros novos e setenta e cinco centavos).
CRUZEIRO de NCr$ para Cr$ (com centavos) 15/5/1970	A Resolução nº 144, de 31/3/1970 (DOU de 6/4/1970), do Conselho Monetário Nacional, restabeleceu a denominação cruzeiro, a partir de 15/5/1970, mantendo o centavo. **Exemplo:** NCr$ 4,75 (quatro cruzeiros novos e setenta e cinco centavos) passou a expressar-se Cr$ 4,75 (quatro cruzeiros e setenta e cinco centavos).
CRUZEIRO (sem centavos) 16/8/1984	A Lei nº 7.214, de 15/8/1984 (DOU de 16/8/1984), extinguiu a fração do cruzeiro denominada centavo. Assim, a importância do exemplo, Cr$ 4,75 (quatro cruzeiros e setenta e cinco centavos), passou a escrever-se Cr$ 4, eliminando-se a vírgula e os algarismos que a sucediam.
CRUZADO Cr$ 1.000 = Cz$ 1 (com centavos) 28/2/1986	O Decreto-lei nº 2.283, de 27/2/1986 (DOU de 28/2/1986), posteriormente substituído pelo Decreto-lei nº 2.284, de 10/3/1986 (DOU de 11/3/1986), instituiu o cruzado como nova unidade monetária, equivalente a mil cruzeiros, restabelecendo o centavo. A mudança de padrão foi disciplinada pela Resolução nº 1.100, de 28/2/1986, do Conselho Monetário Nacional. **Exemplo:** Cr$ 1.300.500 (um milhão, trezentos mil e quinhentos cruzeiros) passou a expressar-se Crz$ 1.300,50 (mil e trezentos cruzados e cinquenta centavos).

(cont.)

CRUZADO NOVO Cz$ 1.000 = NCz$ 1 (com centavos) 16/1/1989	A Medida Provisória nº 32, de 15/1/1989 (DOU de 16/1/1989), convertida na Lei nº 7.730, de 31/1/1989 (DOU de 1º/2/1989), instituiu o cruzado novo como unidade do sistema monetário, correspondente a mil cruzados, mantendo o centavo. A Resolução nº 1.565, de 16/1/1989, do Conselho Monetário Nacional, disciplinou a implantação do novo padrão. **Exemplo:** Cz$ 1.300,50 (mil e trezentos cruzados e cinquenta centavos) passou a expressar-se NCz$ 1,30 (um cruzado novo e trinta centavos).
CRUZEIRO de NCz$ para Cr$ (com centavos) 16/3/1990	A Medida Provisória nº 168, de 15/3/1990 (DOU de 16/3/1990), convertida na Lei nº 8.024, de 12/4/1990 (DOU de 13/4/1990), restabeleceu a denominação cruzeiro para a moeda, correspondendo um cruzeiro a um cruzado novo. Ficou mantido o centavo. A mudança de padrão foi regulamentada pela Resolução nº 1.689, de 18/3/1990, do Conselho Monetário Nacional. **Exemplo:** NCz$ 1.500,00 (mil e quinhentos cruzados novos) passou a expressar-se Cr$ 1.500,00 (mil e quinhentos cruzeiros).
CRUZEIRO REAL Cr$ 1.000 = CR$ 1 (com centavos) 1º/8/1993	A Medida Provisória nº 336, de 28/7/1993 (DOU de 29/7/1993), convertida na Lei nº 8.697, de 27/8/1993 (DOU de 28/8/1993), instituiu o cruzeiro real, a partir de 1º/8/1993, em substituição ao cruzeiro, equivalendo um cruzeiro real a mil cruzeiros, com a manutenção do centavo. A Resolução nº 2.010, de 28/7/1993, do Conselho Monetário Nacional, disciplinou a mudança na unidade do sistema monetário. **Exemplo:** Cr$ 1.700.500,00 (um milhão, setecentos mil e quinhentos cruzeiros) passou a expressar-se CR$ 1.700,50 (mil e setecentos cruzeiros reais e cinquenta centavos).

(cont.)

REAL CR$ 2.750 = R$ 1 (com centavos) 1º/7/1994	A Medida Provisória nº 542, de 30/6/1994 (DOU de 30/6/1994), instituiu o real como unidade do sistema monetário, a partir de 1º/7/1994, com a equivalência de CR$ 2.750,00 (dois mil, setecentos e cinquenta cruzeiros reais), igual à paridade entre a URV e o cruzeiro real fixada para o dia 30/6/1994. Foi mantido o centavo. Como medida preparatória à implantação do Real, foi criada a URV – Unidade Real de Valor – prevista na Medida Provisória nº 434, publicada no DOU de 28/2/1994, reeditada com os números 457 (DOU de 30/3/1994) e 482 (DOU de 29/4/1994) e convertida na Lei nº 8.880, de 27/5/1994 (DOU de 28/5/1994). **Exemplo:** CR$ 11.000.000,00 (onze milhões de cruzeiros reais) passou a expressar-se R$ 4.000,00 (quatro mil reais).

Fonte: Banco Central do Brasil. "Museu de valores do Banco Central".

RESUMO DO CAPÍTULO

Os índices econômico-financeiros são utilizados para a correção de valores em operações financeiras. Existem diversos índices no mercado, com diferentes metodologias e aplicações, como IPCA/IBGE, INPC/IBGE, IGP-FGV, IPC/Fipe, TR e Selic. A realização de cálculos com a aplicação de índices é muito utilizada nos trabalhos periciais financeiros.

Termos-chave

Índices financeiros, índices econômicos, índices econômico-financeiros, IPCA/IBGE, INPC/IBGE, IGP-FGV, IPC/Fipe, TR, Selic.

ATIVIDADES PROPOSTAS

Realize as questões com base nos conceitos e nos métodos detalhados neste capítulo.

1. O valor de uma compra realizada no mês de janeiro de 2010, de R$ 750,00, deverá ser pago em fevereiro de 2010 com a aplicação da atualização monetária pelas variações do IPC/Fipe do mês de fevereiro de 2010, ou seja, 0,74%. Qual é o valor atualizado até fevereiro de 2010?

2. Uma compra feita no mês de agosto de 2011, no valor de R$ 432,25, deverá ser paga em setembro de 2011 com a aplicação da atualização monetária pelas variações do IGP-DI/FGV do mês setembro de 2011, ou seja, 0,75%. Qual é o valor atualizado até setembro de 2011?

3. Um valor de compra realizada em janeiro de 2012, de R$ 548,00, foi pago com a atualização para fevereiro de 2012 pelo valor de R$ 550,14, representado então pela aplicação do INPC/IBGE do mês. Qual o percentual de atualização aplicado?

4. O valor original de R$ 1.353,89, atualizado para R$ 3.857,10, representa a aplicação de qual percentual de correção?

5. Uma compra feita no mês de março de 2011, de R$ 389,00, será paga em maio de 2011 com a aplicação do índice de variação do dólar no período. Considerando que as cotações do dólar no período foram: março de 2011: R$ 1,6287, abril de 2011: R$ 1,5733 e maio de 2011: R$ 1,5799, pergunta-se: qual o valor atualizado da compra em maio de 2011?

6. O valor do salário mínimo em dezembro de 2011 era de R$ 545,00, passando em janeiro de 2012 para o valor de R$ 622,00. Qual é o percentual de aumento aplicado no período?

7. Para a correção das parcelas de uma operação financeira, foi utilizado o índice de atualização aplicado para a correção do salário mínimo. Se o valor da prestação inicial dessa operação era de R$ 800,00 em abril de 2007, qual o valor da prestação devida em fevereiro de 2009? (Observação: o valor do salário mínimo em abril de 2007 era de R$ 380,00 e em fevereiro de 2009 era de R$ 465,00).

8. A cotação do dólar norte-americano em abril de 2010 era de R$ 1,7306, passando em maio de 2010 para o valor de R$ 1,8167. Qual é o percentual de aumento do dólar no período?
9. O índice de atualização das prestações de uma operação é o mesmo percentual de variação do dólar norte-americano. Se o valor da prestação inicial dessa operação era de R$ 2.300,00 em janeiro de 2008, qual é o valor da prestação devida em outubro de 2009? (Observação: o valor da moeda norte-americana em janeiro de 2008 era de R$ 1,7603 e em outubro de 2009 era de R$ 1,7440).
10. O valor de uma compra feita no mês de setembro de 2011, de R$ 1.000,00, deveria ter sido pago em novembro de 2011 com a aplicação da atualização monetária pelas variações do INPC/IBGE dos meses de outubro e novembro de 2011, ou seja, respectivamente de 0,71% e 0,54%. Qual é o valor atualizado até novembro de 2011?

3
Operações de crédito no mercado financeiro

Após a leitura deste capítulo, você poderá:

+ entender o funcionamento do sistema financeiro nacional e conhecer os seus componentes;

+ conhecer as principais operações de crédito existentes no mercado, especialmente as operações de crédito que costumam ser objeto de ações judiciais que podem ser analisadas em perícias financeiras;

+ diferenciar as características financeiras das operações de crédito.

Sistema Financeiro Nacional

O Sistema Financeiro Nacional (SFN) é representado pela reunião de instituições responsáveis pela viabilização e manutenção dos fluxos de recursos financeiros em um mercado organizado. No mercado financeiro brasileiro, é possível realizar transações indiretas entre agentes com recursos em excesso e aqueles que necessitam desses recursos econômicos.

A Lei nº 4.595/64 regulou e organizou o SFN, criou o CMN e o Bacen e estabeleceu as normas de operações e os procedimentos para o funcionamento do mercado financeiro. Posteriormente foi criada a Comissão de Valores Mobiliários (CVM) pela Lei nº 6.385/76.

O SFN é dividido entre autoridades monetárias, autoridades de apoio e instituições financeiras. As autoridades monetárias são representadas pelo CMN (órgão normativo do SFN) e pelo Bacen (órgão fiscalizador do SFN). Já as autoridades de apoio são a CVM, o Banco do Brasil, o Banco de Desenvolvimento Econômico e Social (BNDES) e a Caixa Econômica Federal (CEF). Finalmente, as instituições financeiras – bancárias e não bancárias – atuam como intermediárias no mercado financeiro nacional.

Esta publicação tem como objetivo analisar e aprofundar questões pertinentes aos trabalhos periciais financeiros, realizados pelos peritos judiciais envolvidos em questões técnicas sobre operações financeiras. Então serão detalhados a seguir aspectos relevantes para a compreensão das funções das instituições financeiras no mercado de crédito e ainda as operações creditícias normalmente objeto de ações judiciais e que em muitos casos levam à necessidade da atuação dos peritos especializados nessas situações.

Instituições financeiras

As instituições financeiras bancárias são representadas por bancos comerciais, bancos múltiplos e caixas econômicas. Já as instituições financeiras não bancárias englobam bancos de investimento, bancos de desenvolvimento, sociedades de crédito, financiamento e investimento, sociedades de arrendamento mercantil, cooperativas de crédito, sociedades de crédito imobiliário e, ainda, associações de poupança e empréstimo.

As instituições financeiras realizam operações de crédito, a curto ou longo prazo, concedendo crédito por meio de operação de crédito pessoal, desconto de títulos, abertura de crédito em conta-corrente (cheque especial), empréstimo, financiamento, arrendamento mercantil, entre outras operações.

Mercado bancário

As operações financeiras existentes no mercado podem ser classificadas como:

- passivas (investimento – captação de recursos);
- ativas (crédito – empréstimo/disponibilização de recursos).

Assim, quando um agente aplica recursos no mercado financeiro, ocorrem os investimentos e as aplicações financeiras, visando o recebimento de rendimentos, por meio de diversas modalidades, como: Certificado de Depósito Bancário e Recibo de Depósito Bancário (CDB/RDB), Cédulas de Debêntures (CDs), Letras de Câmbio (LCs), além de uma enorme variedade de outras formas, com características e condições específicas.

Já nas operações representadas por produtos financeiros de empréstimos de valores, ocorre a viabilização de crédito e a tomada de recursos financeiros para pagamento com encargos sobre os valores utilizados.

Operações de crédito

Tendo como objeto de estudo nesta publicação os diversos produtos de empréstimos, que muitas vezes são o assunto tratado em um processo judicial por uma perícia financeira, passamos ao destaque para algumas das principais operações de crédito existentes no mercado financeiro:

- *Desconto de títulos* – ocorre por meio do adiantamento de recursos feito pela instituição ao cliente, sobre valores de duplicatas de cobrança ou notas promissórias e ainda de cheques pré-datados, com a cobrança de taxas sobre os valores dos títulos descontados. Pode ser entendido como um empréstimo de curto prazo, com a antecipação do recebimento de um crédito com vencimento futuro.
- *Hot money* – é uma forma de empréstimo de prazo muito curto, normalmente com a formação de taxa baseada no Certificado de Depósito Interbancário (CDI) do dia da operação, acrescida ainda de custos do Programa de Integração Social (PIS) e de Contribuição para Financiamento da Seguridade Social (Cofins).

- *Abertura de crédito em conta-corrente (conta garantida para pessoa jurídica / cheque especial para pessoa física)* – o crédito é aberto em conta-corrente do cliente da instituição, com o estabelecimento de um limite a ser utilizado por período, com a cobrança de encargos mensais (juros), calculados diariamente sobre os valores de recursos usados na operação.
- *Crédito rotativo* – é uma operação de crédito aberta em conta do cliente da instituição, utilizada conforme as necessidades existentes, garantida por duplicatas emitidas, com cobrança de juros e de Imposto sobre Operações Financeiras (IOF) em função da utilização do crédito disponível.
- *Empréstimo para capital de giro* – é uma operação tradicional de empréstimo, com a entrega de valor para pagamento em parcelas por meio de sistema de amortização com juros, vinculado a um contrato específico.
- *Empréstimo em consignação* – o empréstimo é concedido para pagamento em parcelas com juros em sistema de amortização, descontadas diretamente em folha de pagamento.
- *Contrato de mútuo* – é uma operação de empréstimo para longo prazo, com pagamento em parcelas pelo plano de amortização com juros.
- *Resolução nº 63* – representada por empréstimo realizado por instituição financeira no mercado nacional, utilizando recursos financeiros captados em moeda estrangeira no exterior, em seu próprio nome.
- *Financiamento imobiliário* – financiamento de imóvel, com a viabilização de crédito para aquisição de bem imóvel, com pagamento em plano de amortização com juros em longo prazo.
- *Financiamento para investimentos* – existem diversas modalidades de linhas de financiamentos para realização de investimentos, como: Financiamento a Empreendimentos (Finem), Cartão BNDES, Financiamento de Máquinas e Equipamentos (Finame), entre outros.
- *Financiamentos em outras modalidades – Vendor Finance e Compror Finance* – a Vendor Finance é uma operação de financiamento de vendas em que uma empresa vende seu produto no prazo e recebe o

pagamento à vista. Assim, a empresa vendedora transfere seu crédito ao banco em troca de uma taxa de intermediação. Já a Compror Finance é a operação inversa ao Vendor, pois é o comprador que realiza o financiamento.

- *Crédito Direto ao Consumidor (CDC)* – é uma forma de financiamento concedido por uma financeira para a aquisição de bens e serviços pelo cliente, com pagamento em parcelas pelo plano de amortização com juros na operação.
- *Arrendamento mercantil / leasing* – a operação de arrendamento mercantil, conhecida como leasing, ocorre com a disponibilização de um bem para uso, mediante o pagamento de contraprestações e ainda sendo possível a aquisição mediante a quitação do valor residual garantido. O leasing pode ser operacional ou financeiro.

Seja qual for a operação em que exista a disponibilização de recursos por uma instituição financeira para um agente que necessite de crédito, como empréstimo, financiamento ou arrendamento mercantil, existem características específicas que indicarão as suas diferenças quanto a prazos, forma de pagamento, encargos e garantias.

As perícias financeiras realizadas na justiça têm como principal objeto a análise dessas operações creditícias. Então, o perito precisará realizar um estudo técnico sobre as condições da operação financeira em discussão no processo judicial, muitas vezes para esclarecer dúvidas sobre as condições contratuais estabelecidas e suas aplicações práticas do ponto de vista técnico.

Os assuntos dos capítulos 1 e 2, como a aplicação dos conhecimentos sobre as formas de cálculo e incidência de juros, sistemas de amortização e descontos – entre outros temas das perícias financeiras –, podem ser aplicados nas diversas modalidades de crédito disponíveis no mercado.

RESUMO DO CAPÍTULO

O SFN organizado viabiliza a realização de operações entre agentes que possuem recursos excedentes e que desejam investir e aqueles que necessitam de recursos financeiros. Existem diversas modalidades de empréstimos, financiamentos e arrendamentos no mercado financeiro e muitas dessas operações podem ser objeto de estudo das perícias financeiras realizadas em processos judiciais.

Termos-chave

SFN, banco, financeira, empréstimo, financiamento, arrendamento mercantil, crédito, operação financeira.

ATIVIDADES PROPOSTAS

Realize as questões sobre operações de crédito, com a aplicação de cálculos de juros e atualização, com base em conceitos, fórmulas e métodos detalhados nos capítulos 1, 2 e 3, além dos índices identificados no apêndice 2 do livro.

1. Considere uma operação de CDC com as seguintes características:
   - Valor da operação de crédito: R$ 12.500,00;
   - Prazo de pagamento: 12 meses;
   - Data de vencimento da primeira parcela: 10/1/X0;
   - Data de vencimento da última parcela: 10/12/X0;
   - Sistema de amortização: Tabela Price;
   - Taxa nominal de juros: 3,75% ao mês;
   - Valor da parcela mensal: R$ 1.312,65;
   - Índice de atualização da operação: pré-fixada (sem atualização).

   Responda:
   a. Qual o valor dos juros da primeira parcela de vencimento?
   b. Qual o valor da amortização da terceira parcela de vencimento?
   c. Se as parcelas forem pagas em dia, qual será o saldo devedor apurado após a quitação da quinta parcela da operação?
   d. Na data de vencimento da última (12ª) prestação, qual será o valor dos juros dessa parcela?

2. Um empréstimo foi concedido para pagamento em parcelas mensais obtidas pelo SAC, com as seguintes condições:
   - Valor do empréstimo concedido: R$ 3.100,00;
   - Prazo de pagamento: 6 meses;
   - Data de vencimento da primeira parcela: 3/6/X2;
   - Data de vencimento da última parcela: 3/11/X2;
   - Sistema de amortização: SAC;
   - Taxa nominal de juros: 2,2% ao mês.

Responda:
a. Qual o valor da primeira parcela dessa operação?
b. Qual o valor da última (6ª) parcela dessa operação?
c. Na primeira parcela da operação, qual o valor dos juros?
d. Considerando que as parcelas foram pagas em dia, qual será o saldo devedor para quitação na data de pagamento da última parcela, ou seja, qual é o valor da última amortização da operação?

4
Perícias financeiras envolvendo operações de crédito

Após a leitura deste capítulo, você poderá:

+ conhecer as espécies de situações nas quais é necessária a realização de perícia financeira;

+ compreender as funções da perícia financeira, seja para o esclarecimento de dúvidas técnicas sobre o objeto de discussão no processo judicial, seja para a liquidação de sentença com a apresentação de cálculos após decisão judicial.

Perícia financeira

Diversas questões que envolvem aspectos financeiros, principalmente decorrentes das contratações de operações de crédito, são objeto de ações judiciais propostas em nosso país. Esses processos podem ser movidos por bancos contra seus clientes, mas também ocorrem em grande número as situações em que essas mesmas instituições financeiras são chamadas para contestar ações revisionais de contratos de crédito.

Normalmente, as ações iniciadas pelas instituições financeiras servem para a realização de cobranças de valores devidos, e não pagos, de contratos de crédito celebrados com seus clientes. Assim, esses procedimentos buscam o recebimento de valores estabelecidos nos contratos e que por algum motivo não tenham sido honrados em seus vencimentos.

Nas situações em que os tomadores de crédito movem ações contra as instituições financeiras, provavelmente estarão identificadas alegações contrárias às condições firmadas nos instrumentos contratuais, levantando argumentos sobre existência de ilegalidades ou excessos praticados nessas operações, como cobranças indevidas, práticas de juros abusivos, metodologias de cálculo incorretas, dentre outros aspectos.

Dessa forma, em muitos dos processos judiciais envolvendo operações de crédito pode ser necessária a realização de perícia técnica financeira, com o desenvolvimento de estudos para verificação de taxas de juros contratadas, cálculo de percentuais de juros efetivamente aplicados nas cobranças, identificação da forma de cálculo e incidência de juros e outros encargos, bem como a conferência da aplicação de índices de atualização de valores, além de diversas outras análises técnicas imprescindíveis para a completa compreensão de situações em debate.

A perícia financeira pode então ser entendida como a prova técnica necessária para a demonstração de aspectos financeiros, mediante cálculos, demonstrativos, gráficos ou planilhas, organizadamente apresentados e explicados no laudo pericial, levando informação técnica consistente e devidamente fundamentada ao judiciário, auxiliando no esclarecimento de questões dessa ordem técnica.

Como a função pericial é técnica, o perito judicial nomeado em um processo não deve envolver-se com os argumentos jurídicos defendidos pelas partes litigantes. A prova pericial precisa esclarecer as questões levantadas pelas partes, não emitindo opinião sobre a legalidade ou ilegalidade da taxa de juros ou da sua incidência. Em nenhum momento o trabalho pericial deve ultrapassar a sua função específica, sendo objeto de seu estudo exclusivamente o aspecto técnico, cabendo apenas ao juiz e às partes o debate de questões jurídicas.

Serão apresentados, a seguir, alguns dos possíveis elementos técnicos encontrados em diversos tipos de processos judiciais e que merecem destaque, para a compreensão da dimensão e do objeto de estudo nas perícias financeiras. Devemos observar também que as perícias financeiras podem ter como objetivo de trabalho:

- o esclarecimento de pontos controvertidos em discussão;
- o cálculo para a liquidação de sentença.

Seja qual for a situação, a perícia financeira possui grande relevância para o auxílio na solução de uma enorme quantidade de processos judiciais.

Pontos controvertidos para esclarecimento pela perícia financeira

Percentual de juros (taxa de juros)

Em uma operação de crédito, um financiamento ou um empréstimo, existem alguns componentes financeiros necessários para a construção de suas condições contratuais, como valor do capital disponibilizado (valor financiado ou emprestado), percentual de juros (taxa de juros) e período para pagamento de parcelas. Além disso, devem ser ainda definidos o plano de pagamento da operação (ou sistema de amortização) e até a eventual indicação da incidência de indexador econômico (índice de atualização) para correção de valores contratados.

A taxa de juros estabelecida em um contrato pode ser objeto de discussão no processo judicial, muitas vezes pela alegação ou pelo questionamento de sua abusividade. Nesses casos, será necessário o estudo técnico da perícia financeira para realizar cálculos dos percentuais de juros efetivamente cobrados, com a possibilidade de comparação com os percentuais contratados, além da elaboração de eventuais demonstrativos para o confronto com taxas de juros de mercado ou ainda com outros parâmetros específicos solicitados.

Para todas as demonstrações de taxas de juros serão necessárias a aplicação de conhecimento técnico e a preparação de cálculos, planilhas e até gráficos, indicando a realização de trabalhos que exigem conhecimento e experiência para tanto.

Incidência da taxa de juros

Além dos cálculos de percentuais de taxa de juros, são recorrentes em processos judiciais que envolvem operações de crédito as discussões sobre a incidência dos juros, na forma simples ou composta. É bastante comum a existência de questionamentos sobre a forma de cálculo dos juros e também o embate entre as alegações da existência ou não de juros compostos em uma operação financeira.

Para a verificação da forma de cálculo e incidência dos juros é necessária a aplicação de conhecimentos técnicos em matemática financeira, abordando inclusive a análise de planos de pagamentos e sistemas de amortização, bem como de seus reflexos e resultados. Mesmo nos instrumentos contratuais em que não esteja definido de forma clara qual a sistemática de cálculo e incidência de juros, por meio da utilização de procedimentos matemáticos específicos é muitas vezes possível apurar a forma de cálculo utilizada, considerando outros dados financeiros existentes.

Quando houver dúvida técnica se os juros são simples ou compostos, a questão somente poderá ser esclarecida, de forma devidamente fundamentada, pela demonstração feita por meio de cálculos e demonstrativos. Uma perícia financeira nunca deve simplesmente afirmar que a operação é desenvolvida com uma sistemática ou outra, devendo sempre comprovar tecnicamente tal situação.

Índices de correção de valores

Além das questões técnicas envolvendo os juros nas operações de crédito, os indexadores, utilizados para a correção de valores, são muitas vezes objeto de debate nos processos judiciais. Podem ocorrer situações em ações judiciais com a discussão sobre a aplicabilidade ou não de um índice, constantemente existindo a comparação entre diferentes indexadores. Os peritos atuantes nesses casos acabam analisando metodologias, variações, evoluções de percentuais de índices como TR, INPC e IGP-M, ou ainda, índices de aumento de salário mínimo, variação cambial, entre outros.

A verificação técnica sobre a aplicação correta de um índice estabelecido contratualmente parece ser a situação mais simples para análise de uma perícia financeira, mas indica a necessidade da realização de pesquisas e cálculos, tanto para a apuração de percentuais efetivamente aplicados como para a comparação direta com os percentuais de índices publicados pelo respectivo instituto que o desenvolve ou divulga. A perícia deve tomar muito cuidado com os dados analisados e os cálculos realizados.

No entanto, questões que envolvam índices podem ser mais sofisticadas, representadas por debates sobre a inadequação de determinado índice contratado ao tipo de operação ou até eventuais apontamentos sobre a ilegalidade de um indexador financeiro.

Em qualquer situação, as verificações técnicas sobre índices de atualização representam a aplicação de conhecimentos especiais e indicam a necessidade de preparação de cálculos e planilhas.

É importante ressaltar que também para essas questões a perícia não pode e não deve emitir opinião sobre a legalidade ou ilegalidade de determinado índice. Toda verificação pericial é técnica, não sendo objeto de seu trabalho o estudo de matéria jurídica.

Perícia para liquidação de sentença de processos financeiros

Em diversos processos judiciais envolvendo operações financeiras já sentenciadas, ou seja, após a prolação de sentença e depois de decididas as questões em debate na ação, surge a necessidade de cálculos para chegar-se ao resultado da condenação, apurando o valor total devido em data específica, considerando a aplicação dos critérios definidos judicialmente. Para essas situações muitas vezes ocorre a nomeação de perito judicial para a elaboração de cálculos para a liquidação de sentença.

Assim, o perito é convidado para desenvolver os cálculos para a apuração da dívida, em atendimento às condições estabelecidas na decisão judicial, seja em sentença, seja em acórdão proferido para tanto. O *expert* nomeado nesse momento do processo judicial não pode alterar qualquer aspecto determinado pelo magistrado, seja incluindo, seja retirando algum critério definido. Esse tipo específico de trabalho pericial tem a utilidade de materializar em cálculos exatamente as condições determinadas pela justiça, chegando ao resultado final imprescindível para a conclusão do processo judicial.

Devemos lembrar que o perito não pode emitir opinião pessoal sobre a sentença, não cabendo ao profissional escolhido para a função pericial concordar ou não com a decisão, mas apenas realizar os cálculos necessários para a finalização da sentença.

O perito poderá eventualmente encontrar alguma dificuldade na compreensão da decisão judicial que determina a realização de liquidação de sentença. Mas, nesses casos, o profissional deve solucionar as dúvidas existentes com o magistrado que o nomeou para aquela função, evitando então a consequente apresentação de trabalhos que contenham erros de interpretação ou que estejam incompletos e inadequados.

Nas situações processuais envolvendo operações financeiras de crédito, podemos encontrar duas possíveis hipóteses para o desenvolvimento de perícias em liquidação de sentença: cálculos com aplicação das condições definidas em contrato, ou cálculos com aplicação de condições diferentes daquelas estabelecidas contratualmente. Para a primeira hipótese indicada, provavelmente o trabalho pericial será de menor grau de dificuldade técnica, viabilizado inclusive pelas próprias condições e informações existentes em contrato. Já para os casos em que é necessário o desenvolvimento de métodos alternativos, geralmente a complexidade dos cálculos é maior, uma vez que envolvem a busca de índices, a aplicação de métodos, a substituição de taxas, entre outras possíveis atividades.

Independentemente da condição determinada para a perícia, o trabalho sempre deve ser realizado de forma clara e precisa, com fundamentação técnica e devidamente acompanhado de demonstrativos úteis para a completa compreensão dos cálculos desenvolvidos pelo perito.

A leitura do laudo não pode gerar dúvidas para o destinatário final desse trabalho técnico. Assim, o perito precisa ter consciência sobre a forma como deve ser preparado seu laudo, encaminhando ao juiz informações completas e compreensíveis. É importante lembrar ainda que o laudo envolvendo questões financeiras não pode ser representado simplesmente pela apresentação de planilhas ou demonstrativos. O laudo pericial financeiro é um trabalho técnico e completo, que deve contemplar parte descritiva, necessária para detalhar didaticamente as condições dos cálculos ou as planilhas preparadas pela perícia.

RESUMO DO CAPÍTULO

A perícia financeira, que envolve operações de crédito, pode ser determinada para o esclarecimento de dúvidas técnicas sobre o cálculo de percentual de juros, a incidência de juros, a aplicação de índices de atualização, além de cálculos de liquidação de sentença.

Termos-chave

Perícia financeira, percentual de juros, incidência de juros, índice de atualização, liquidação de sentença.

ATIVIDADES PROPOSTAS

Faça a leitura das decisões judiciais apresentadas a seguir, com identificação de diversas determinações para realização de perícia financeira. Em seguida, relacione os aspectos motivadores para a designação de cada uma dessas perícias:

TJ-SP – Apelação APL 9164599562007826 SP 9164599-56.2007.8.26.0000 (TJ-SP)

Data de publicação: 14/12/2011

Ementa: Julgamento antecipado – No caso dos autos indevido – Perícia financeira necessidade – Alegação de anatocismo nos contratos que deram azo ao litígio – Tabela Price – Critério de incidência de juros controvertido na doutrina e na jurisprudência – Inadmissibilidade de capitalização de juros se não expressamente contratados nos pactos – Aferição da legalidade dessa capitalização, no caso concreto, somente após a constatação da sua existência – Sentença anulada – Recurso provido.

TJ-SP – Apelação APL 9081281782007826 SP 9081281-78.2007.8.26.0000 (TJ-SP)

Data de publicação: 29/10/2011

Ementa: Julgamento antecipado – Indevido no caso dos autos – Perícia financeira – Necessidade – Alegação de anatocismo no contrato que deu azo ao litígio – Tabela Price – Critério de incidência de juros controvertido na doutrina e na jurisprudência – Inadmissibilidade de capitalização de juros em qualquer periodicidade conforme recurso repetitivo do STJ – Sentença anulada – Observando-se que a negativação do crédito dos apelantes resta obstada até final decisão desta demanda – Recurso provido.

TJ-PR – 7060584 PR 706058-4 (Acórdão) (TJ-PR)

Data de publicação: 07/11/2012

Ementa: APELAÇÃO CÍVEL. REVISIONAL DE COMPROMISSO DE COMPRA E VENDA VINCULADO A CONTRATO DE CONSÓRCIO. (I) CERCEAMENTO DE DEFESA. ALEGAÇÃO INFUNDADA. PERÍCIAS DEFERIDAS E REALIZADAS. NÃO CONHECIMENTO DO RECURSO NESTE PONTO. (II) AUSÊNCIA DE CONSTITUIÇÃO EM MORA DO

DEVEDOR. MATÉRIA NÃO ALEGADA NA INICIAL. INOVAÇÃO RECURSAL. (III) PREÇO AJUSTADO QUE REFLETE A AUTONOMIA DA VONTADE DAS PARTES. INEXISTÊNCIA DE VÍCIO DE CONSENTIMENTO. IMPOSSIBILIDADE DE SUA REVISÃO. (IV) EXCLUSÃO DO CUB COMO FATOR DE CORREÇÃO. PERÍCIA FINANCEIRA QUE DEMONSTRA NÃO TER EXISTIDO QUALQUER CORREÇÃO. CONTRATO RESCINDIDO. HIPÓTESE QUE INVIABILIZA A REFORMA IN PEJUS. (V) CAPITALIZAÇÃO DE JUROS REMUNERATÓRIOS. AUSÊNCIA DE DEMONSTRAÇÃO. PERÍCIA CONTÁBIL QUE CONCLUI PELA INEXISTÊNCIA DE VÍCIOS NO CONTRATO. RECURSO CONHECIDO EM PARTE E, NA PARTE CONHECIDA, DESPROVIDO.

TJ-SP – Apelação APL 991060391420 SP (TJ-SP)
Data de publicação: 10/09/2010
Ementa: Cerceamento de prova – Perícia financeira – Configuração – Petição inicial que atacou especificamente a incidência de taxa com natureza de juros remuneratórios e a capitalização dos juros que alegou integrar o montante do débito oriundo dos contratos de mútuo bancário que foram firmados pelas partes – Direito de prova indevidamente restringido – Necessidade de se verificar a ocorrência do anatocismo nos contratos com possível repercussão no valor da eventual dívida – Contratos não trazidos para o feito, não obstante pleiteado na inicial – Ausência de apreciação desse requerimento – Relação de consumo que impunha a juntada pelo banco réu dos pactos, sob pena de se presumir não contratadas as taxas de juros cobradas da apelante – Capitalização, em respeito à Súmula 121 do STF, bem como de se apurar o eventual lançamento da alegada taxa de excesso a título de comissão de permanência – Exegese das Súmulas 286 e 294 do STJ – Recurso provido para anular a r. decisão.

TJ-PR – Agravo AGV 597327101 PR 0597327-1/01 (TJ-PR)
Data de publicação: 26/08/2009
Ementa: AGRAVO INTERNO. NEGATIVA DE SEGUIMENTO A AGRAVO DE INSTRUMENTO. AÇÃO DE REINTEGRAÇÃO DE POSSE. ARRENDAMENTO MERCANTIL. REVISÃO DE CLÁUSULAS CONTRATUAIS. POSSIBILIDADE. PERÍCIA DETERMINADA DE OFÍCIO. CUSTAS PERICIAIS. RESPONSABILIDADE DO AUTOR. MANUTENÇÃO DA

DECISÃO QUE INDEFERIU O PEDIDO. RECURSO NEGADO. 1. Pode o magistrado, como destinatário, determinar a realização de provas, de ofício, valendo-se de todo e qualquer elemento probatório que julgar necessário para a formação de seu convencimento, conforme dispõe o artigo 130 do CPC. 2. Determinando o juiz, de ofício, a realização de perícia financeira, a fim de firmar juízo de livre convicção motivado, os honorários periciais serão arcados pelo autor da demanda, conforme preveem os artigos 19 e 33, ambos do CPC. 3. Perfeitamente possível a revisão de cláusulas contratuais em sede de ação de reintegração de posse, eis que a constatação de abusos ou de exigência de valores excessivos nos contratos implica no afastamento da mora do devedor, e poderá importar na improcedência da ação reintegratória. 3. Agravo Interno a que se nega provimento.

TJ-RJ – APELAÇÃO APL 00143167420098190203 RJ 0014316-74.2009.8.19.0203 (TJ-RJ)

Data de publicação: 16/04/2013

Ementa: ANDREIA DE MELO LIMA OLIVEIRA ajuizou ação revisional contra BANCO ABN AMRO REAL S/A. A autora afirma que a ré, administradora do seu cartão de crédito, cobra juros exorbitantes e pratica anatocismo. Pede a revisão do contrato e devolução, em dobro, dos valores pagos a maior. A sentença julgou improcedentes os pedidos (fls. 266/269). Apela a autora suscitando preliminar de cerceamento de defesa porque a prova técnica requerida sequer foi apreciada. Salienta que a perícia contábil é essencial para a comprovação dos fatos narrados. No mérito, reedita os seus argumentos (fls. 275/279). Contrarrazões em prestígio do julgado (fls. 283/298). É o relatório. A autora, na inicial, requereu perícia financeira no contrato de cartão de crédito e, quando instada a se manifestar sobre as provas que pretendia produzir, insistiu no pedido (fls. 259). Entretanto, o juiz proferiu sentença por entender tratar-se de questão unicamente de direito. Ocorre que as alegações de anatocismo e de juros abusivos são estritamente fáticas e, por isso, demandam dilação probatória. Logo, a impossibilidade de produção dessa prova configura cerceamento de defesa. Ante o exposto, dou provimento ao recurso, monocraticamente, com aplicação do art. 557, § 1º-A, do CPC, para anular a sentença e determinar a produção da prova pericial requerida.

TJ-PI – Apelação Cível AC 201000010045621 PI (TJ-PI)
Data de publicação: 12/04/2011
Ementa: PROCESSO CIVIL. APELAÇÃO CÍVEL EM AÇÃO REVISIONAL C/C PEDIDO DE REPETIÇÃO DE INDÉBITO. EXTINÇÃO DO FEITO SEM RESOLUÇÃO DO MÉRITO POR ABANDONO DA CAUSA. NECESSIDADE DE INTIMAÇÃO PESSOAL. PRODUÇÃO DE PROVA PERICIAL. NECESSIDADE. LIVRE CONVENCIMENTO DO JULGADOR. ENTENDIMENTO OBTIDO DA ANÁLISE DO CONJUNTO FÁTICO-PROBATÓRIO. 1. Verifica-se que a sentença recorrida decidiu em desacordo com a jurisprudência firmada pelo STJ e previsão expressa pelo Código dos Ritos no sentido de que para a extinção do processo, fundado no abandono da causa, é necessária a intimação pessoal da parte para suprir a falta em 48 (quarenta e oito horas). 2. Para o pleno julgamento da lide é impostergável a realização de perícia financeira-contábil, para demonstrar as irregularidades e ilegalidades no cálculo da dívida objeto de discussão, possibilitando ao julgador o exaurimento de todas as questões a ele apresentadas. 3. Recurso provido.

TJ-PR – 8595797 PR 859579-7 (Acórdão) (TJ-PR)
Data de publicação: 07/03/2012
Ementa: APELAÇÃO CÍVEL 1. AÇÃO REVISIONAL. CONTRATO BANCÁRIO. CONTA-CORRENTE, CHEQUE ESPECIAL E EMPRÉSTIMO. CAPITALIZAÇÃO MENSAL. EXISTÊNCIA. PROVA PERICIAL. CONSTATAÇÃO. ART. 5º, DA MEDIDA PROVISÓRIA Nº 2.170-36/2001. DECLARAÇÃO DE INCONSTITUCIONALIDADE. ÓRGÃO ESPECIAL. VINCULAÇÃO HORIZONTAL. SÚMULA Nº 121, DO STF. PRÁTICA. VEDAÇÃO. REPETIÇÃO DO INDÉBITO. DUPLICIDADE. MÁ-FÉ. PROVA. AUSÊNCIA. RESTITUIÇÃO SIMPLES. HONORÁRIOS ADVOCATÍCIOS. COMPENSAÇÃO. SÚMULA 306 DO STJ. 1. Com a declaração incidental da inconstitucionalidade do art. 5º da Medida Provisória nº 2.170-36/2001, pelo órgão especial deste Tribunal, em decisão com eficácia vinculante aos demais órgãos fracionários, impõe-se o reconhecimento da ilegalidade da capitalização mensal de juros, nos termos da súmula nº 121 do STF, nos contratos para os quais não exista autorização em lei especial. 2. A repetição em dobro do indébito só é possível quando existir prova da má-fé do fornecedor. 3. A verba honorária deve ser compensada, a teor

da súmula nº 306 do STJ. 4. Apelação cível conhecida e parcialmente provida. APELAÇÃO CÍVEL 2. AÇÃO REVISIONAL. CONTRATO BANCÁRIO. CONTA-CORRENTE, CHEQUE ESPECIAL E EMPRÉSTIMO. JUROS REMUNERATÓRIOS. TAXA LEGAL. APLICAÇÃO. IMPOSSIBILIDADE. LIMITAÇÃO. PARÂMETRO. MÉDIA DE MERCADO. COMISSÃO DE PERMANÊNCIA. PROVA PERICIAL. VERIFICAÇÃO. AUSÊNCIA. DANO MORAL. INSCRIÇÃO NO SERASA. DEVER DE INDENIZAR. INEXISTÊNCIA. EXERCÍCIO REGULAR DE DIREITO. ENCARGOS SUCUMBENCIAIS. DISTRIBUIÇÃO. MANUTENÇÃO. 1. Em operações bancárias, é inaplicável a limitação de juros à taxa legal, mesmo na hipótese de inexistir prova do percentual contratado. 2. O parâmetro para verificação da abusividade das taxas de juros remuneratórios é a média de mercado, por ser medida consentânea com a realidade social e com a vontade das partes. 3. Não há que se falar em expurgo da comissão de permanência quando a cobrança do encargo não é verificada após elaboração de perícia financeira. 4. Comprovada a existência da dívida, reputa-se legítima a inscrição do nome do devedor no cadastro do Serasa, a pedido do credor. 5. Mantém-se a distribuição dos encargos sucumbenciais, conforme operada na sentença, quando proporcional ao êxito obtido pelas partes na demanda. 6. Apelação cível conhecida e não provida.

TJ-PR – Apelação Cível AC 7324830 PR 0732483-0 (TJ-PR)
Data de publicação: 23/03/2011
Ementa: APELAÇÃO CÍVEL 1. PRESTAÇÃO DE CONTAS. SEGUNDA FASE. CONTRATO BANCÁRIO. CONTA-CORRENTE. CAPITALIZAÇÃO MENSAL. CARACTERIZAÇÃO. JUROS. QUITAÇÃO. LIMITE DE CRÉDITO. AUSÊNCIA. SALDO DEVEDOR. AGRAVAMENTO. LEGALIDADE DA CAPITALIZAÇÃO MENSAL. DISCUSSÃO. IMPOSSIBILIDADE. PRESTAÇÃO DE CONTAS. COGNIÇÃO LIMITADA. 1. O pagamento dos juros de um período com o limite de crédito disponibilizado pela instituição financeira não descaracteriza a capitalização mensal de juros, pois, na realidade, ocorre o agravamento do saldo devedor, que formará a base de cálculo para o cômputo dos juros do mês subsequente. 2. A ação de prestação de contas é de cognição limitada, e não admite o exame acerca da legalidade ou ilegalidade de encargos contratuais. 3. Apelação cível conhecida e não provida. APELAÇÃO CÍVEL 2. PRESTAÇÃO DE

CONTAS. SEGUNDA FASE. CONTRATO BANCÁRIO. CONTA-CORRENTE. LAUDO PERICIAL. SALDO RESIDUAL. REJEIÇÃO. POSSIBILIDADE. CRITÉRIOS ADOTADOS. INSUBSISTÊNCIA. SENTENÇA. ILIQUIDEZ. POSSIBILIDADE. JUROS REMUNERATÓRIOS. TAXA CONTRATADA. DEMONSTRAÇÃO. INEXISTÊNCIA. PARÂMETRO. MÉDIA DE MERCADO. TAXAS E TARIFAS. COBRANÇA. AUTORIZAÇÃO LEGAL. OUTROS DÉBITOS. COBRANÇA CONTINUADA. OPOSIÇÃO. INEXISTÊNCIA. CONTRAPRESTAÇÃO DE SERVIÇOS. PRINCÍPIO DA BOA-FÉ. MANUTENÇÃO. 1. Caso os critérios adotados para confecção do saldo residual apurado na perícia financeira estejam em dissonância com os parâmetros fixados na sentença, impõe-se a sua rejeição. 2. Na ação de prestação de contas, segunda fase, admite- se a sentença ilíquida, desde que indicados os critérios para refazimento dos cálculos. 3. Na hipótese de inexistir prova da contratação, o parâmetro a ser considerado na ação de prestação de contas para conferência dos juros remuneratórios é a taxa média de mercado, por ser medida consentânea com a realidade social e com a vontade das partes. 4. A cobrança de tarifas pelos serviços prestados é lícita e independe de contratação específica, eis que tem base em legislação própria e em atos normativos do Banco Central do Brasil – Bacen. 5. O lançamento continuado de valores, como contraprestação por serviços prestados na conta-corrente, sem que tenha havido qualquer oposição, cria a presunção de que o consumidor anuiu à cobrança (princípio da boa-fé). 6. Apelação cível conhecida e não provida.

Fonte: Jusbrasil.

5
Quesitos em matéria financeira

Após a leitura deste capítulo, você poderá:

+ conhecer as características e as diferenças entre quesitos iniciais e quesitos suplementares, envolvendo matéria financeira;
+ compreender como devem ser formulados quesitos financeiros;
+ atender tecnicamente aos quesitos formulados em uma perícia financeira.

Iniciamos nosso estudo sobre quesitos envolvendo matéria financeira com a observação das principais determinações identificadas no Novo Código de Processo Civil (Novo CPC) sobre o tema quesitos, como segue:

> Art. 465. O juiz nomeará perito especializado no objeto da perícia e fixará de imediato o prazo para a entrega do laudo.
> § 1º Incumbe às partes, dentro de 15 (quinze) dias contados da intimação do despacho de nomeação do perito:
> I – arguir o impedimento ou a suspeição do perito, se for o caso;
> II – indicar assistente técnico;
> III – apresentar quesitos.
> [...]
>
> Art. 469. As partes poderão apresentar quesitos suplementares durante a diligência, que poderão ser respondidos pelo perito previamente ou na audiência de instrução e julgamento.
> Parágrafo único. O escrivão dará à parte contrária ciência da juntada dos quesitos aos autos.
>
> Art. 470. Incumbe ao juiz:
> I – indeferir quesitos impertinentes;
> II – formular os quesitos que entender necessários ao esclarecimento da causa.

É importante destacar que as condições consolidadas nos artigos apresentados já existiam respectivamente nos artigos 421, 425 e 426 do Código de Processo Civil de 1973, com disposições muito semelhantes, até sua substituição pelo Novo Código de Processo Civil.

Em *Perícia contábil* (2016, pp. 53-60) está destacada a importância dos quesitos na perícia judicial, tanto no momento de sua apresentação, pelo juiz e/ou pelas partes, como na elaboração de respostas a eles pelo perito judicial em seu laudo.

É importante, porém, destacarmos as seguintes experiências que podem ser vivenciadas pelos profissionais atuantes em perícia:

- *Assistente técnico* – pode auxiliar o contratante (autor/réu) na formulação dos quesitos e comentar as respostas apresentadas pela perícia, por meio do parecer técnico crítico ao laudo.

- *Perito judicial* – deve elaborar as respostas técnicas adequadas aos quesitos formulados pelas partes e/ou pelo juiz, em seu laudo.

Sobre essas duas situações, vejamos ainda o descrito em *Perícia contábil* (Mello, 2016, pp. 54 e 57):

> Apesar de não haver nenhuma determinação legal para a participação de assistentes técnicos no momento da formulação de quesitos em uma perícia, existe uma identificação direta entre esse profissional e os quesitos formulados pela parte. Sendo o quesito a representação das dúvidas colocadas para esclarecimento técnico pelo perito, nada mais razoável que admitir a necessidade de conhecimento técnico específico para o auxílio das partes em sua elaboração. Logo, quando as partes formulam quesitos em uma perícia, podem e devem requisitar ao assistente técnico contratado ajuda na preparação adequada de quesitos que serão indicados para resposta pelo perito.
>
> [...]
>
> O perito judicial deve elaborar respostas adequadas aos quesitos formulados apresentando todo o detalhamento técnico necessário para o atendimento completo ao que está sendo solicitado. A resposta apresentada ao quesito deve atingir o objetivo perseguido por quem o formulou, razão pela qual devem ser evitadas respostas evasivas, tendenciosas ou dúbias, que possam levar a mais de uma interpretação ou gerar mais dúvidas.

Cientes dessas atribuições, passaremos à análise das condições técnicas necessárias para que sejam adequadamente elaborados e respondidos os quesitos em matérias financeiras na justiça.

Formulação de quesitos em perícia financeira

O assistente técnico indicado por uma das partes litigantes em um processo judicial que envolve operações financeiras pode ter como sua primeira missão a de auxiliar o seu contratante na elaboração dos quesitos que serão atendidos pelo perito judicial em seu laudo.

Para que a ajuda técnica na construção de quesitos em matéria financeira seja feita com qualidade, o assistente técnico tem a necessidade de:

- ter conhecimento sobre todos os aspectos defendidos por seu contratante na inicial e/ou na contestação;
- saber quais são os documentos existentes no processo judicial, além daqueles que ainda poderão ser levantados durante a perícia, úteis para suas análises técnicas;
- identificar o objeto em discussão no processo judicial, seja em função de aspectos constantes da inicial e da contestação, seja pelos pontos controvertidos fixados pelo juiz, seja pelos eventuais quesitos formulados pelo magistrado.

O assistente técnico precisa ter consciência sobre a sua função estratégica no processo judicial. Durante a perícia financeira o assistente técnico, como já descrito, é um profissional de confiança da parte e deverá realizar trabalho técnico que auxilie o seu contratante no fortalecimento de seu argumento.

Assim, a formulação de quesitos feita pela parte representa o momento em que o assistente técnico apoiará a preparação de perguntas técnicas que busquem conduzir a construção de respostas pela perícia no laudo e que evidenciem a realidade defendida pela parte.

Os quesitos formulados em uma perícia financeira devem ser técnicos e objetivos, evitando questionamentos fora do objeto em discussão no processo ou fora da área de conhecimento técnico da perícia (inclusive jurídicos).

Atendimento técnico de quesitos financeiros pelo perito judicial

O perito judicial deve, entre outras obrigações, apresentar respostas aos quesitos financeiros que possam ter sido formuladas pelo juiz e/ou pelas partes. O perito precisa redobrar a atenção nesse momento de trabalho, para que todas as respostas aos quesitos sejam: técnicas, claras e completas; devidamente fundamentadas; acompanhadas de cálculos e demonstrativos (quando necessários); adequadas tecnicamente conforme o solicitado, sem omissões ou excessos. Ele também precisa tomar os devidos cuidados para não abordar questões jurídicas ou de outra área de conhecimento fora da competência técnica da perícia e nunca utilizar respostas simples como: "sim" ou "não", pois essas respostas podem gerar dúvidas.

Nas respostas apresentadas aos quesitos financeiros muitas vezes será necessária a construção de cálculos ou planilhas financeiras que ilustrem o que a perícia precisa demonstrar com seus conhecimentos especiais. Em alguns momentos são úteis a citação de estudos técnicos e as referências bibliográficas que auxiliem tecnicamente nas explicações indicadas em respostas aos quesitos. A perícia deve escolher as ferramentas adequadas para que os aspectos financeiros fiquem claros na leitura das respostas.

Também devemos lembrar que todos os quesitos formulados, e que tenham sido deferidos para resposta pela perícia, precisam ser respondidos no laudo, mesmo que sejam encontradas situações em que as respostas mostrem-se impraticáveis. Nesses casos, a perícia apresentará explicação sobre a situação que prejudica o atendimento técnico ao que foi solicitado no quesito. Em muitas ocasiões ocorrem questionamentos inadequados aos aspectos técnicos em discussão no processo judicial, então, para esses casos, o perito pode responder: Prejudicado o atendimento técnico ao quanto solicitado no quesito, sendo impossível o seu levantamento/cálculo.

Para uma melhor compreensão de como devem ser preparados os quesitos e as respostas em questões que envolvem demandas financeiras na justiça, relacionamos a seguir alguns exemplos de quesitos financeiros e suas respostas adequadas.

Primeiro exemplo

Quesito formulado

Considerando que no contrato nº _____, celebrado entre as partes na data de _____/_____/_____, está pactuado que o valor total financiado é de R$ 8.353,00, a taxa de juros é de 4,2% ao mês e o número de parcelas é 12, pode o Sr. Perito Judicial afirmar que estão corretas, ou condizentes com o contrato, as parcelas mensais iguais ao valor de R$ 900,39?

Resposta do perito judicial

De acordo com o que consta do contrato nº _____, identificado às fls. _____ dos autos, é possível observar que estão pactuadas as condições financeiras descritas no quesito. Além disso, conforme pode ser verificado por meio dos demonstrativos elaborados pela perícia e apresentados a seguir, a parcela contratada de R$ 900,39 está em conformidade com as condições financeiras estabelecidas no instrumento em questão. Assim, vejamos:

O cálculo do valor das parcelas pelo Sistema Price é o seguinte:

$$\text{Parcela} = \frac{C \times i}{1 - \frac{1}{(1+i)^n}}$$

Sendo:

C = capital emprestado;

i = taxa de juros;

n = número de períodos da operação.

Dessa forma, se realizarmos um cálculo para uma operação de empréstimo, com a utilização da Tabela Price, sendo: C: R$ 8.353,00; n: 12; i: 4,2% a.m., teremos:

$$\text{Parcela} = \frac{R\$\ 8.353,00 \times 4,2\%}{1 - \frac{1}{(1+4,2\%)^{12}}}$$

Parcela = R$ 900,39

Portanto, a evolução da operação contratada, com a parcela indicada, pode ser observada pela planilha a seguir, confirmando a aplicação adequada do valor da parcela constante do contrato:

Número de parcelas	Valor da parcela (R$)	Valor de juros (R$)	Percentual de juros	Valor de amortização (R$)	Saldo devedor (R$)
0	-	-	-	-	8.353,00
1	900,39	350,83	4,2%	549,56	7.803,44
2	900,39	327,74	4,2%	572,64	7.230,79
3	900,39	303,69	4,2%	596,70	6.634,10
4	900,39	278,63	4,2%	621,76	6.012,34
5	900,39	252,52	4,2%	647,87	5.364,47
6	900,39	225,31	4,2%	675,08	4.689,39
7	900,39	196,95	4,2%	703,43	3.985,95

(cont.)

Número de parcelas	Valor da parcela (R$)	Valor de juros (R$)	Percentual de juros	Valor de amortização (R$)	Saldo devedor (R$)
8	900,39	167,41	4,2%	732,98	3.252,97
9	900,39	136,62	4,2%	763,76	2.489,21
10	900,39	104,55	4,2%	795,84	1.693,37
11	900,39	71,12	4,2%	829,27	864,10
12	900,39	36,29	4,2%	864,10	-

Segundo exemplo

Quesito formulado

Inicialmente, para que as demais questões técnicas em debate no processo judicial possam ser esclarecidas adequadamente, solicita-se ao Sr. Perito que defina tecnicamente o que são juros simples e juros compostos, com a devida demonstração técnica.

Resposta do perito judicial

Positiva é a resposta.

Atendendo ao que foi solicitado no quesito sob o ponto de vista técnico, devemos observar que os juros são a remuneração do capital disponibilizado por determinado período de tempo. Os juros simples incidem sobre o capital e os juros compostos incidem sobre capital já incorporado de juros em período anterior.

Apresentamos a seguir a demonstração técnica da incidência de juros simples e compostos, com os seguintes dados hipotéticos: juros de 2% ao mês, capital de R$ 100,00, por um período de 2 meses.

Juros simples

Período	Percentual de juros	Valor de juros (R$)	Capital (R$)
0	-	-	100,00
1	2%	2,00	100,00
2	2%	2,00	104,00

Juros compostos

Período	Percentual de juros	Valor de juros (R$)	Capital (R$)
0	-	-	100,00
1	2%	2,00	102,00
2	2%	2,04	104,04

Terceiro exemplo

Quesito formulado

Queira o Sr. Perito informar se é correta a afirmação de que o Sistema de Amortização Francês, também conhecido como Sistema Price ou Tabela Price, considera que cada parcela é constituída de principal e juros, e com o pagamento das parcelas os juros do período são integralmente quitados, então o cálculo de juros para o período seguinte incidirá somente sobre o novo saldo devedor do contrato sem considerar qualquer parcela de juros anterior incorporada, o que descarta a capitalização de juros, ou seja, o cálculo de juros sobre juros ou juros compostos.

Resposta do perito judicial

No Sistema de Amortização Francês, conhecido como Tabela Price, existe o pagamento de parcelas mensais fixas, formadas por juros e amortização. Os juros nominais mensais incidem sobre o capital inicial e capitais amortizados mensalmente, sendo que os juros são decrescentes e as amortizações, crescentes. Como não existe a incorporação de juros aos saldos devedores na operação ou a cobrança de juros sobre juros, no final do período da operação o saldo devedor é liquidado.

Para a visualização de operação com a sistemática de amortização pela Tabela Price, a perícia demonstra o exemplo a seguir, evidenciando a explicação técnica apresentada. Considerando uma operação com capital de R$ 100,00, em 3 parcelas mensais e juros de 10% ao mês, teríamos o seguinte cálculo:

Parcela	Prestação (R$)	Juros (R$)	Percentual de juros	Amortização (R$)	Saldo devedor (R$)
0	-	-	-	-	1.000,00
1	402,11	100,00	10%	302,11	697,89
2	402,11	69,79	10%	332,33	365,56
3	402,11	36,56	10%	365,56	-

Quarto exemplo

Quesito formulado

Queira a perícia afirmar se a taxa de juros contratada é legal ou ilegal. Se a taxa de juros for ilegal, qual é a taxa que deveria ser praticada?

Resposta do perito judicial

Positiva é a resposta.

Prejudicado o atendimento técnico ao que foi solicitado no quesito, sendo que a perícia financeira determinada pelo MM. Juízo tem como objetivo o estudo de questões técnicas e não jurídicas ou de mérito.

As verificações técnicas sobre taxas de juros contratadas e efetivamente aplicadas, forma de cálculo e incidência dessas taxas, ou outras questões técnicas pertinentes ao trabalho pericial, são objeto de trabalho da perícia.

A análise sobre a legalidade ou não da taxa de juros contratada na operação financeira em discussão nos autos não é objeto de estudo da perícia técnica, cabendo essa verificação ao MM. Juízo e não ao perito judicial.

Quinto exemplo

Quesito formulado

Informe o Sr. Perito se a Resolução nº 1.064/1985 do Banco Central do Brasil estabelece que as taxas de juros são livremente pactuáveis em nosso país.

Resposta do perito judicial

Em atendimento técnico ao que foi solicitado no quesito, por meio da página eletrônica do Banco Central do Brasil (www.bcb.gov.br), está disponível para consulta a Resolução nº 1.064/1985 indicada no quesito formulado. Pelo observado por esse dispositivo, consta sobre a pactuação das taxas de juros o seguinte:

Resolução nº 1.064/1985

O Banco Central do Brasil, na forma do art. 9º da Lei nº 4.595, de 31/12/1964, torna público que o Conselho Monetário Nacional, em sessão realizada em 4/12/1985, tendo em vista o disposto no art. 4º, incisos VI, VII, VIII e IX, da referida Lei, e no art. 29 da Lei nº 4.728, de 14/7/1965, resolveu:
I – Ressalvado o disposto no item III, as operações ativas dos bancos comerciais, de investimento e de desenvolvimento serão realizadas a taxas de juros livremente pactuáveis.
[...]

RESUMO DO CAPÍTULO

Os quesitos financeiros são perguntas ou pedidos feitos pelo juiz e/ou pelas partes ao perito, a respeito dos aspectos técnicos financeiros, buscando a solução de dúvidas sobre o objeto de análise da perícia.

Termos-chave

Quesitos, quesitos financeiros, quesitos iniciais, quesitos suplementares, quesitos para esclarecimento.

ATIVIDADE PROPOSTAS

Responder às questões propostas nos capítulos 1, 2 e 3 de forma técnica e fundamentada, inclusive com a eventual apresentação de demonstrativos de cálculo ou planilhas, quando necessário.

6
Relatórios periciais envolvendo questões financeiras na justiça – laudo pericial e parecer técnico

Após a leitura deste capítulo, você poderá:

+ conhecer as características e as diferenças entre o laudo pericial e o parecer técnico em perícias financeiras envolvendo operações de crédito;

+ ser capaz de elaborar laudos periciais apresentados para a solução de pontos controvertidos envolvendo questões financeiras ou em liquidação de sentença;

+ ser capaz de elaborar pareceres técnicos e críticos ao laudo pericial ou ainda apresentados com a inicial ou a contestação de processos financeiros.

Laudo pericial financeiro

Desenvolvimento da perícia e elaboração do laudo pericial

O laudo pericial é a materialização do trabalho técnico desenvolvido pelo perito judicial. Ele será anexado ao processo judicial, tanto para a função de esclarecimento de dúvidas antes da sentença – auxiliando o juiz na formação de sua convicção e compreensão dos aspectos técnicos em debate na ação – quanto após a decisão judicial, sendo esse um trabalho fundamental para a liquidação de sentença, com a construção de cálculos para solução do processo.

O resultado do trabalho pericial deve ser representado por um laudo que atenda às necessidades da justiça. O laudo não pode gerar novas dúvidas, devendo esclarecer as questões existentes no processo judicial.

Além disso, o perito precisa construir adequadamente o laudo, com a observação criteriosa de diversos detalhes durante o desenvolvimento da perícia, como:

I – identificar o objeto de trabalho da perícia, representado pelo aspecto ou pela questão central que necessita de estudo técnico.

II – estabelecer qual o objetivo da perícia, seja o esclarecimento de pontos controvertidos ou dúvidas evidenciadas no processo, seja a apuração de um resultado com base nas condições determinadas pelo juiz.

III – verificar se os elementos disponíveis para análise pericial são suficientes, e, se for o caso, identificar eventuais informações complementares que deverão ser buscadas pelo perito para o desenvolvimento completo de seu trabalho.

IV – elaborar o laudo pericial de acordo com as necessidades determinadas por cada processo judicial.

A forma como é desenvolvido todo o trabalho da perícia tem influência direta nas condições para elaboração adequada do laudo pericial. Cada perícia financeira possui as suas características específicas e indicará a necessidade da adoção das medidas necessárias ao seu correto e completo desenvolvimento.

O Novo CPC define as seguintes condições e elementos que devem ser contemplados para a elaboração do laudo pericial em processos judiciais:

Art. 473. O laudo pericial deverá conter:
I – a exposição do objeto da perícia;
II – a análise técnica ou científica realizada pelo perito;
III – a indicação do método utilizado, esclarecendo-o e demonstrando ser predominantemente aceito pelos especialistas da área do conhecimento da qual se originou;
IV – resposta conclusiva a todos os quesitos apresentados pelo juiz, pelas partes e pelo órgão do Ministério Público.
§ 1º No laudo, o perito deve apresentar sua fundamentação em linguagem simples e com coerência lógica, indicando como alcançou suas conclusões.
§ 2º É vedado ao perito ultrapassar os limites de sua designação, bem como emitir opiniões pessoais que excedam o exame técnico ou científico do objeto da perícia.
§ 3º Para o desempenho de sua função, o perito e os assistentes técnicos podem valer-se de todos os meios necessários, ouvindo testemunhas, obtendo informações, solicitando documentos que estejam em poder da parte, de terceiros ou em repartições públicas, bem como instruir o laudo com planilhas, mapas, plantas, desenhos, fotografias ou outros elementos necessários ao esclarecimento do objeto da perícia.

Lembramos que no Código de Processo Civil (CPC, 1973) não existia nenhum dispositivo que detalhasse objetivamente quais os elementos mínimos que deveriam fazer parte do laudo pericial, constando somente em seu artigo 429 os detalhes sobre a forma de realização da perícia durante o seu desenvolvimento, situação essa que inclusive continua representada pelo § 3º do artigo 473 do Novo CPC, ficando então evidente que o novo dispositivo legal é muito mais amplo e indica mais condições para a elaboração do laudo do perito.

Em *A perícia no novo código de processo civil* (Mello, 2016, p. 123), é destacada a importância do novo dispositivo descrito anteriormente, ficando ressaltado o seguinte:

> Cabe ao perito construir um laudo que contenha descrição do objeto de seu trabalho, com análise técnico-científica, indicação da metodologia utilizada e apresentação de respostas conclusivas aos eventuais quesitos formulados. Além disso, a nova condição legal ressalta que a linguagem do laudo deve ser acessível ao público destinatário final da perícia.

Finalmente, ainda no art. 473 do Novo CPC, destaca-se a postura técnica a ser adotada pelo perito, que não pode ultrapassar os limites de sua função profissional no processo judicial.

Como já dito anteriormente, a nova legislação mantém a indicação de o perito utilizar todos os meios necessários para a realização de seu trabalho, inclusive a busca de dados e documentos imprescindíveis à conclusão da prova técnica.

Estrutura de apresentação do laudo pericial em perícias financeiras

A estrutura de apresentação do laudo pericial pode variar muito, em função de cada diferente situação de trabalho enfrentada pelo perito judicial, e ainda de acordo com as necessidades específicas da perícia determinada.

Nas situações em que o processo ainda não foi sentenciado, ou seja, não existe uma decisão judicial, e a perícia é determinada pelo magistrado, a finalidade normalmente é para o esclarecimento técnico, por exemplo, de: percentuais de encargos devidos e aplicados, incidência de juros, aplicação de indexadores, entre outros. Dessa forma, o trabalho pericial precisará ser mais detalhado, por meio da necessária realização de pesquisas, diligências, elaboração de planilhas demonstrativas de cálculos, respostas aos eventuais quesitos apresentados pelas partes e/ou pelo juiz, desenvolvimento de análises e conclusões técnicas fundamentadas sobre ponto controvertido existente.

Já para as perícias determinadas em liquidação de sentença, ou por arbitramento, normalmente não ocorre a formulação de quesitos, e o laudo pericial exigirá principalmente o desenvolvimento de cálculos e ainda a construção de demonstrativos e planilhas financeiras, mas sem esquecer da apresentação de um laudo que detalhe tecnicamente os procedimentos e a metodologia utilizados pela perícia, além dos resultados alcançados nesse trabalho.

Conteúdo do laudo pericial financeiro

Nas perícias financeiras realizadas em processos judiciais normalmente existirá a necessidade da apresentação de demonstrativos técnicos, que evidenciem cálculos, apurações de percentuais e índices, tabelas e até gráficos.

Nessas situações, o perito judicial muitas vezes desenvolverá planilhas financeiras apresentadas com o laudo pericial, devidamente detalhadas e didaticamente construídas para facilitar a sua compreensão. Esses trabalhos técnicos costumam ser juntados como anexos do laudo. Os procedimentos adotados pela perícia para a construção de planilhas devem ser claros em seus detalhes, de maneira suficiente para que o público destinatário final do trabalho pericial possa compreender os cálculos desenvolvidos. Nunca é demais lembrar que os juízes e os advogados são os principais leitores dos laudos periciais e esses agentes precisam entender completamente o trabalho realizado pela perícia. A eventual existência de dúvidas sobre o que consta do laudo pode gerar a necessidade de esclarecimentos periciais, situação que precisa ser evitada justamente com os cuidados na preparação do trabalho pericial.

Mas, além dos demonstrativos de cálculo e das planilhas, outra importante fase na elaboração do laudo pericial financeiro é a apresentação de respostas técnicas e fundamentadas aos eventuais quesitos que possam ter sido formulados para a perícia. Os aspectos técnicos relevantes para a preparação de respostas aos quesitos na perícia podem ser observados no capítulo 5.

Ao final do laudo, o perito precisa apresentar o resultado alcançado com o desenvolvimento de seu trabalho, por meio de uma conclusão técnica que dê a condição de finalização da perícia, solucionando assim as dúvidas que tenham originalmente motivado a realização do trabalho técnico. Se a perícia foi determinada para o esclarecimento de um ponto controvertido fixado pelo magistrado, a conclusão precisa responder tecnicamente essa questão. Mas, para as situações em que a perícia é chamada com a finalidade de apuração de um valor, o perito precisa concluir o seu trabalho com a apresentação desse resultado, com a indicação dos critérios técnicos utilizados para sua apuração.

Parecer técnico financeiro (após o laudo)

Assistente técnico acompanhando o trabalho do perito judicial

Quando é determinada a realização de uma perícia financeira, o assistente técnico contratado por um dos litigantes no processo judicial terá função importante durante a evolução da prova técnica. O assistente técnico deverá acompanhar o trabalho em desenvolvimento pela perícia.

O acompanhamento deve representar uma atuação profissional ativa do assistente técnico. Assim, durante o período em que o perito está realizando seu trabalho no processo judicial, o assistente técnico deve:

- estabelecer contato com o *expert* nomeado;
- oferecer auxílio técnico nas pesquisas e nas diligências periciais;
- conferenciar a respeito do desenvolvimento do trabalho pericial, entre outras atividades que possam ser necessárias.

Uma atuação proativa do assistente técnico é importante para que a perícia seja realizada adequadamente e até com maior previsibilidade do que será encontrado no resultado final da perícia, materializado no laudo pericial.

Parecer técnico após a entrega do laudo pericial

Após a entrega do laudo pericial realizado pelo perito judicial nomeado no processo judicial, o assistente técnico deverá apresentar o seu parecer técnico, independentemente de como tenha sido a atuação do assistente durante o desenvolvimento da perícia.

O parecer técnico elaborado pelo assistente técnico, após o laudo, é representado por um trabalho de análise crítica e deve conter comentários técnicos sobre cada um dos pontos desenvolvidos pela perícia, indicando objetivamente os motivos pela concordância ou pela discordância com o trabalho efetuado.

Dessa forma, em seu parecer financeiro o assistente técnico deve:

- comentar criteriosamente cada uma das respostas apresentadas pelo perito aos quesitos eventualmente formulados no processo judicial;

- construir planilhas demonstrativas de cálculo que não tenham sido realizadas pela perícia;
- apresentar considerações técnicas sobre a forma como foi desenvolvida a perícia;
- indicar as conclusões do assistente.

O assistente técnico precisa emitir uma opinião com a observação do argumento defendido pelo seu contratante no processo, construindo análises críticas para fortalecer sua opinião parcial, mas sempre respeitando o trabalho do perito judicial, em conformidade com a adequada aplicação de conhecimentos técnicos.

Parecer técnico e cálculos apresentados em processos judiciais

A maior parte das publicações existentes sobre perícia contábil e financeira aborda a participação dos profissionais envolvidos em perícia na elaboração de laudo pericial e de parecer técnico após o laudo (de forma crítica ao laudo).

No entanto, dois artigos do Novo CPC indicam a possibilidade de atuação daqueles profissionais, normalmente atuantes em perícias, mas para situações em que a perícia ainda não foi realizada e até poderá deixar de ser efetivada. Vejamos a definição no artigo 472 do Novo CPC, que representa o mesmo dispositivo que constava do artigo 427 do CPC de 1973, com alterações introduzidas pela Lei nº 8.455 de 1992, como segue:

> Art. 472. O juiz poderá dispensar prova pericial quando as partes, na inicial e na contestação, apresentarem, sobre as questões de fato, pareceres técnicos ou documentos elucidativos que considerar suficientes.

Assim, em um processo judicial que envolve questões financeiras, podem ser apresentados pareceres técnicos, elaborados por assistentes técnicos de confiança do autor e/ou do réu, demonstrando tecnicamente o argumento defendido pelo contratante desse trabalho técnico.

Como grande parte das operações financeiras em discussão na justiça pode gerar o surgimento de dúvidas técnicas sobre cálculos, índices e taxas, esses pareceres técnicos têm a função de ajudar no esclarecimento desses aspectos.

O assistente técnico pode ser escolhido por um dos litigantes no processo judicial com a finalidade de elaborar o parecer técnico que será apresentado com a inicial ou com a contestação da ação. Para essas situações, o profissional é escolhido pelo autor ou pelo réu no processo e exercerá importante função na preparação de fundamentos técnicos convergentes com a argumentação defendida pelo contratando.

É importante destacar que o parecer técnico desenvolvido pelo assistente técnico deve estar em harmonia com o argumento defendido pelo seu contratante. Assim, o apoio do assistente técnico ao contratante representa um trabalho estrategicamente construído para complementar com conhecimento técnico aquilo que é defendido pelo advogado no processo judicial.

Para a preparação adequada do parecer técnico apresentado com a inicial ou com a contestação de um processo judicial que envolve questões financeiras, o assistente técnico precisará:

- conhecer detalhes técnicos da operação financeira em discussão;
- ter acesso ao contrato objeto da ação;
- compreender qual a estratégia e o argumento construído para a fundamentação da inicial ou da contestação;
- identificar a situação da operação.

No entanto, a condição estabelecida no artigo 472 do Novo CPC, antigo artigo 427 do CPC, é facultativa, podendo ou não o parecer técnico ser utilizado pelas partes. Além disso, mesmo com a apresentação desses trabalhos técnicos, o juiz ainda assim pode determinar a realização da perícia, nomeando perito de sua confiança.

Mas, com a edição do artigo 285-B no CPC de 1973, introduzido pela Lei no 12.810 de 2013 e mantido pelo artigo 330 do Novo CPC, em seus §§ 2º e 3º, passou a ser obrigatória a apresentação da demonstração de valores controversos, indicando a necessidade da participação de profissionais com conhecimento em cálculos financeiros, com capacidade técnica para essa tarefa. Assim, vejamos o determinado pelo dispositivo legal referido:

> Art. 330. A petição inicial será indeferida quando:
> [...]
> § 2º Nas ações que tenham por objeto a revisão de obrigação decorrente de empréstimo, de financiamento ou de alienação de bens, o autor terá de, sob pena de inépcia, discriminar na petição inicial, dentre as obrigações contratuais, aquelas que pretende controverter, além de quantificar o valor incontroverso do débito.
> § 3º Na hipótese do § 2º, o valor incontroverso deverá continuar a ser pago no tempo e modo contratados.

Assim, com a edição do artigo 285-B do CPC, e mantida pelo artigo 330 do Novo CPC, passou a ser obrigatória a apresentação de cálculos nas ações envolvendo operações de empréstimos, financiamentos e arrendamentos, reforçando a oportunidade da participação de profissionais com conhecimento em finanças e contabilidade nos processos judiciais.

RESUMO DO CAPÍTULO

O laudo pericial financeiro é elaborado pelo perito judicial, seja para solução de pontos controvertidos em processos envolvendo operações financeiras, seja para liquidação de sentença. O parecer técnico financeiro é desenvolvido pelo assistente técnico, contratado por um dos litigantes no processo judicial, com a apresentação de análises técnicas sobre o laudo do perito. Podem ser apresentados pareceres técnicos com a inicial ou a contestação de processos judiciais, além de cálculos preparatórios de ações financeiras.

Termos-chave

Laudo pericial, parecer técnico, laudo pericial financeiro, parecer técnico financeiro, parecer técnico na inicial, parecer técnico na contestação, cálculos na inicial.

ATIVIDADE PROPOSTA

Realize a leitura dos exemplos de laudos periciais envolvendo operações financeiras de crédito apresentados a seguir, nos apêndices.

Apêndices

Apêndice 1

Exemplos de laudos periciais financeiros

1º exemplo de laudo financeiro

EXCELENTÍSSIMO SENHOR DOUTOR JUIZ DE DIREITO DA VARA CÍVEL _____ DA COMARCA DE _____.

PROCESSO: _____.
REQUERENTE: _____.
REQUERIDO: _____.

_____, _____, perito judicial nomeado às fls. _____ dos autos do processo em referência, tendo procedido aos estudos, às análises, às pesquisas e às diligências que se fizeram necessárias, vem respeitosamente apresentar à consideração de Vossa Excelência o seguinte:

Laudo pericial financeiro

1. Considerações iniciais

De acordo com o que consta dos documentos de fls. _____ dos autos, observamos as movimentações financeiras ocorridas em função da utilização pela Autora dos serviços do cartão de crédito nº _____ administrado pelo Réu, matematicamente demonstrado pela perícia no anexo 1 do laudo.

O MM. Juízo determinou a realização de perícia, conforme fls. _____ _____:

> Determino a realização de perícia, com observância dos seguintes critérios: (a) como a adesão da autora no contrato de cartão de crédito ocorreu antes da medida provisória nº MP 1.963-17, atual 2.170-63, de 31/03/2000, que permitiu a capitalização dos juros nas operações bancárias, não pode, no presente caso, serem os juros capitalizados mensalmente; (b) a taxa mensal dos juros a ser observada é aquela correspondente à média apurada mensalmente pelo Bacen para crédito pessoal de

pessoa física. Isso porque os encargos financeiros consignados nas faturas do cartão, de 12%, 12,4%, 12,9% ao mês, superam, e muito, aquela taxa média de juros anual apurada no mercado pelo Bacen, revelando-se portanto iníqua e abusiva ao consumidor; (c) assim, o perito apurará o valor da dívida aplicando mês a mês, linearmente, sem capitalização, a taxa média de juros apurada pelo Bacen para crédito pessoal de pessoa física, continuando a aplicação dessa taxa, após a mora, sem cumulação com correção monetária, juros moratórios e multa moratória. Lembro que a teor da Súmula 283 do STJ, "As empresas administradoras de cartão de crédito são instituições financeiras e, por isso, os juros remuneratórios por elas cobrados não sofrem as limitações da Lei de Usura.

2. Trabalho pericial

Objetivo: Calcular os valores dos débitos/créditos do Autor diante do Réu, com a observância dos parâmetros fixados pelo MM. Juízo às fls.____.

Local: Escritório do perito judicial.

Diligências: Realizadas pelo perito judicial em busca dos dados e dos documentos necessários ao desenvolvimento completo da perícia, conforme Termos de Diligência de fls. _____ dos autos, além dos pedidos feitos às fls. _____ dos autos.

Pesquisa: Feita pela perícia em busca dos dados do documento 1 do laudo, obtidos na página eletrônica do Banco Central do Brasil: www.bcb.gov.br.

Documentos utilizados: Os dos autos, além daqueles apresentados pelo Réu, após a realização de diligências e pedido feito pela perícia nos autos, conforme identificado às fls. _____ dos autos.

Ressalva sobre as informações e a documentação apresentada: A perícia foi feita com base nos documentos constantes dos autos, presumindo que eles sejam fidedignos.

3. Metodologia aplicada

A perícia considerou em seus cálculos, para a apuração dos valores dos créditos/débitos da Autora ao Réu, as condições estabelecidas pelo MM. Juízo às fls. _____ dos autos, demonstradas pelo anexo 2 do laudo, como segue:

- *Capitalização dos juros*: nos cálculos periciais foram aplicados juros simples, sem capitalização, conforme coluna 7 do anexo 2, sendo calculados mensalmente os valores de juros e somente incorporados ao final do período considerado.
- *Taxas de juros*: foram considerados nos cálculos da perícia as taxas de juros médias mensais de mercado, apuradas pelo Banco Central do Brasil, para as operações de crédito pessoal de pessoa física, conforme observado por meio dos dados do documento 1 do laudo e relacionados na coluna 6 do anexo 2.

4. Conclusões técnicas

Considerando a aplicação da metodologia detalhada no item 3 anterior desta mesma série, tendo como base as condições estabelecidas pelo MM. Juízo às fls. _____, para cálculo do crédito/débito da Autora junto ao Réu, a perícia elaborou o demonstrativo anexo 2 do laudo, apurando o seguinte resultado na mesma data do último lançamento ocorrido referente ao cartão de crédito utilizado pela Autora e administrado pelo Réu:

- Anexo 2 – Recálculo do cartão de crédito nº _____ com aplicação das taxas médias mensais de mercado (Bacen) para as operações de crédito pessoal de pessoa física: saldo *credor* da Autora em 10 de novembro de X7: R$ 858,67.

5. Quesitos apresentados pela autora – fls. _____

1º quesito da Autora

Queira o ilustre perito esclarecer se, de acordo com a evolução dos valores cobrados pelo Réu, bem como de suas taxas, há a incidência de juros capitalizados mensalmente.

Resposta da perícia

De acordo com o que consta dos documentos de fls. _____ dos autos, observamos que nas movimentações financeiras ocorridas em função da utilização pela Autora dos serviços do cartão de crédito nº ____ _____ administrado pelo Réu, matematicamente demonstrados pela perícia no anexo 1 do laudo, houve em grande parte do período analisado o ingresso de recursos (créditos) suficientes para a quitação dos encargos mensais cobrados (juros), mas especificamente nas faturas com vencimentos em 10/06/x7 e 10/07/x7 não foram realizados pagamentos (créditos), caracterizando a incorporação de juros aos saldos devedores e consequente cobrança de juros capitalizados, ou juros sobre juros, nesses períodos.

2º quesito da Autora

Em caso de resposta positiva ou negativa, descreva o ilustre perito minuciosamente os critérios técnicos que nortearam o estudo.

Resposta da perícia

O atendimento técnico completo que foi solicitado pode ser observado na resposta apresentada ao quesito anterior desta mesma série.

6. Encerramento

Vai o presente laudo pericial em _____ (_____) páginas impressas por meio de processamento eletrônico de dados de um só lado, todas rubricadas e a última datada e assinada. Acompanham 2 (dois) anexos e 1 (um) documento.

_____, _____ de _____ de _____.

_____
Perito judicial
Registro profissional _____

Anexo 1. Movimentações do cartão de crédito

Data de vencimento	Saldo anterior (R$)	Total de créditos (R$)	Total de débitos (R$)	Encargos (R$)	Saldo atual (R$)
10/04/X4	-	-	530,81	-	530,81
10/05/X4	530,81	530,81	829,88	-	829,88
10/06/X4	829,88	848,80	526,16	-	507,24
10/07/X4	507,24	507,24	657,60	-	657,60
10/08/X4	657,60	250,00	267,98	53,13	675,58
10/09/X4	675,58	675,58	862,77	-	862,77
10/10/X4	862,77	250,00	375,67	72,91	988,44
10/11/X4	988,44	683,37	626,12	39,04	931,19
10/12/X4	931,19	476,39	487,38	55,32	942,18
10/01/X5	942,18	509,13	469,43	54,16	902,48
10/02/X5	902,48	202,30	293,93	86,83	994,11
10/03/X5	994,11	550,00	467,47	49,54	911,58
10/04/X5	911,58	300,00	399,41	75,98	1.010,99
10/05/X5	1.010,99	500,00	204,96	65,48	715,95
10/06/X5	715,95	350,00	336,35	45,46	702,30
10/07/X5	702,30	-	107,33	105,34	809,63
10/08/X5	809,63	309,46	497,29	62,14	997,46
10/09/X5	997,46	300,00	651,74	87,16	1.349,20
10/10/X5	1.349,20	450,00	507,05	111,25	1.406,25
10/11/X5	1.406,25	350,00	515,49	132,02	1.571,74
10/12/X5	1.571,74	1.000,00	390,24	68,60	961,98
10/01/X6	961,98	250,00	599,91	89,17	1.311,89
10/02/X6	1.311,89	400,00	508,21	113,70	1.420,10
10/03/X6	1.420,10	500,00	367,78	103,43	1.287,88
10/04/X6	1.287,88	500,00	580,16	97,88	1.368,04
10/05/X6	1.368,04	300,00	486,54	129,98	1.554,58
10/06/X6	1.554,58	316,75	647,94	159,67	1.885,77
10/07/X6	1.885,77	400,00	891,32	185,40	2.377,09
10/08/X6	2.377,09	500,00	765,90	241,90	2.642,99
10/09/X6	2.642,99	1.006,20	823,54	213,87	2.460,33

(cont.)

Anexo 1. Movimentações do cartão de crédito

Data de vencimento	Saldo anterior (R$)	Total de créditos (R$)	Total de débitos (R$)	Encargos (R$)	Saldo atual (R$)
10/10/X6	2.460,33	520,00	1.106,89	243,67	3.047,22
10/11/X6	3.047,22	1.000,00	979,31	262,83	3.026,53
10/12/X6	3.026,53	650,00	721,45	296,59	3.097,98
10/01/X7	3.097,98	650,00	570,88	317,93	3.018,86
10/02/X7	3.018,86	1.503,77	563,44	207,39	2.078,53
10/03/X7	2.078,53	450,00	593,92	187,72	2.222,45
10/04/X7	2.222,45	500,00	833,46	222,05	2.555,91
10/05/X7	2.555,91	600,00	879,89	242,53	2.835,80
10/06/X7	2.835,80	-	817,35	464,78	3.653,15
10/07/X7	3.653,15	-	710,10	580,85	4.363,25
10/08/X7	4.363,25	-	64,37	-	4.427,62
10/09/X7	4.427,62	-	39,90	-	4.467,52
10/10/X7	4.467,52	-	39,90	-	4.507,42
10/11/X7	4.507,42	-	39,90	-	4.547,32

Anexo 2. Recálculo do cartão de crédito (taxas médias mensais de mercado (Bacen) para as operações de crédito pessoal de pessoa física, sem capitalização)

Data de vencimento	Saldo anterior (R$)	Total de créditos (R$)	Total de débitos (R$)	Encargos aplicados (R$)	Encargos do recálculo	Encargos do recálculo (R$)	Saldo atual do recálculo (R$)
10/04/X4	0	0	530,81	0	4,79%	0	530,81
10/05/X4	530,81	530,81	829,88	0	4,66%	0	829,88
10/06/X4	829,88	848,80	526,16	0	4,62%	0	507,24
10/07/X4	507,24	507,24	657,60	0	4,61%	0	657,60
10/08/X4	657,60	250,00	267,98	53,13	4,71%	19,20	622,45
10/09/X4	622,45	675,58	862,77	0	4,72%	0	809,64
10/10/X4	809,64	250,00	375,67	72,91	4,62%	25,86	862,40
10/11/X4	862,40	683,37	626,12	39,04	4,57%	8,18	766,11
10/12/X4	766,11	476,39	487,38	55,32	4,44%	12,86	721,78
10/01/X5	721,78	509,13	469,43	54,16	4,58%	9,74	627,92
10/02/X5	627,92	202,30	293,93	86,83	4,52%	19,24	632,72
10/03/X5	632,72	550,00	467,47	49,54	4,45%	3,68	500,65
10/04/X5	500,65	300,00	399,41	75,98	4,45%	8,93	524,08

(cont.)

Anexo 2. Recálculo do cartão de crédito (taxas médias mensais de mercado (Bacen) para as operações de crédito pessoal de pessoa física, sem capitalização)

Data de vencimento	Saldo anterior (R$)	Total de créditos (R$)	Total de débitos (R$)	Encargos aplicados (R$)	Encargos do recálculo	Encargos do recálculo (R$)	Saldo atual do recálculo (R$)
10/05/X5	524,08	500,00	204,96	65,48	4,52%	1,09	163,56
10/06/X5	163,56	350,00	336,35	45,46	4,45%	0	104,45
10/07/X5	104,45	0	107,33	105,34	4,49%	4,69	106,44
10/08/X5	106,44	309,46	497,29	62,14	4,49%	0	232,13
10/09/X5	232,13	300,00	651,74	87,16	4,55%	0	496,71
10/10/X5	496,71	450,00	507,05	111,25	4,53%	2,12	442,51
10/11/X5	442,51	350,00	515,49	132,02	4,46%	4,13	475,98
10/12/X5	475,98	1.000,00	390,24	68,60	4,38%	0	− 202,38
10/01/X6	− 202,38	250,00	599,91	89,17	4,47%	0	58,36
10/02/X6	58,36	400,00	508,21	113,70	4,45%	0	52,87
10/03/X6	52,87	500,00	367,78	103,43	4,41%	0	− 182,78
10/04/X6	− 182,78	500,00	580,16	97,88	4,28%	0	− 200,50
10/05/X6	− 200,50	300,00	486,54	129,98	4,12%	0	− 143,94
10/06/X6	− 143,94	316,75	647,94	159,67	4,11%	0	27,58
10/07/X6	27,58	400,00	891,32	185,40	3,98%	0	333,50

(cont.)

Anexo 2. Recálculo do cartão de crédito (taxas médias mensais de mercado (Bacen) para as operações de crédito pessoal de pessoa física, sem capitalização)

Data de vencimento	Saldo anterior (R$)	Total de créditos (R$)	Total de débitos (R$)	Encargos aplicados (R$)	Encargos do recálculo	Encargos do recálculo (R$)	Saldo atual do recálculo (R$)
10/08/X6	333,50	500,00	765,90	241,90	3,95%	0	357,50
10/09/X6	357,50	1.006,20	823,54	213,87	3,93%	0	−39,03
10/10/X6	−39,03	520,00	1.106,89	243,67	3,92%	0	304,19
10/11/X6	304,19	1.000,00	979,31	262,83	3,92%	0	20,67
10/12/X6	20,67	650,00	721,45	296,59	3,84%	0	−204,47
10/01/X7	−204,47	650,00	570,88	317,93	3,84%	0	−601,52
10/02/X7	−601,52	1.503,77	563,44	207,39	3,69%	0	−1.749,24
10/03/X7	−1.749,24	450,00	593,92	187,72	3,63%	0	−1.793,04
10/04/X7	−1.793,04	500,00	833,46	222,05	3,58%	0	−1.681,63
10/05/X7	−1.681,63	600,00	879,89	242,53	3,53%	0	−1.644,27
10/06/X7	−1.644,27	0	817,35	464,78	3,50%	0	−1.291,70
10/07/X7	−1.291,70	0	710,10	580,85	3,47%	0	−1.162,45
10/08/X7	−1.162,45	0	64,37	0	3,43%	0	−1.098,08
10/09/X7	−1.098,08	0	39,90	0	3,40%	0	−1.058,18
10/10/X7	−1.058,18	0	39,90	0	3,37%	0	−1.018,28
10/11/X7	−1.018,28	0	39,90	0	3,25%	0	−978,38
				Saldo total após dedução dos encargos do período			−858,67

2º exemplo de laudo financeiro

EXCELENTÍSSIMO SENHOR DOUTOR JUIZ DE DIREITO DA___ _____VARA CÍVEL DA COMARCA DE _____ _____.

PROCESSO: _____.
REQUERENTE: _____.
REQUERIDO: _____.

_____, _____, perito judicial nomeado às fls. _____ _____ dos autos do processo em referência, tendo procedido aos estudos, às análises, às pesquisas e às diligências que se fizeram necessárias, vem respeitosamente apresentar à consideração de Vossa Excelência o seguinte:

Laudo pericial financeiro

1. **Considerações iniciais**
   - O Autor alega na inicial (fls. _____ dos autos) que em 30/09/X5 assinou contrato de financiamento, no valor de R$ 23.967,45, divididos em 24 parcelas de R$ 1.489,62, totalizando R$ 35.750,92, sendo a última parcela a ser paga em 14/09/X7. O contrato foi renegociado. O Autor afirma que o Réu teria cobrado juros não pactuados, em patamares superiores a 12% ao ano, capitalizados mensalmente. Finalmente, indica que existe cobrança que considera ilegal de índices de correção monetária cumulados com comissão de permanência. O Autor pede a declaração de nulidade das cláusulas contratuais consideradas ilegais, especialmente as que fixam juros remuneratórios superiores a 12% ao ano, capitalização mensal, juros de mora de 1% ao mês, multa, por mora, de 10%, comissão de permanência ou juros remuneratórios à taxa de mercado.
   - O Réu apresenta sua contestação (fls. _____ dos autos), declarando que o Autor teria utilizado os créditos concedidos pelo Réu, sem nenhuma insurgência. As taxas, os juros e os demais encargos incidentes nas operações de crédito eram de conhecimento do Autor desde o ato de assinatura dos contratos. Não se acha provada a ocorrência de capitalização de juros nas operações de crédito

e não existe impedimento legal na cobrança de juros superiores a 12% ao ano. Não teria sido demonstrada a alegada cumulação de correção monetária e comissão de permanência, sendo que tal situação não ocorreu. O valor da comissão de permanência não está adstrito ao limite da correção por qualquer índice. Não há abusividade na estipulação de multa. Ao final, o Réu requer que a ação seja julgada improcedente.

- O Autor apresentou réplica à contestação, reafirmando suas alegações anteriores.
- O MM. Juízo determinou a realização de perícia para análise das questões em discussão nos autos, como segue:

> A discussão diz respeito: aos juros que, segundo o Autor, seriam excessivos e capitalizados mensalmente; à comissão de permanência que estaria sendo cumulada com outros encargos. Para análise do alegado, defiro a produção de prova pericial.

- O MM. Juízo apresentou quesitos às fls. _____. Já o Réu indicou Assistente Técnico e apresentou quesitos às fls. _____, não tendo sido feito o mesmo pelo Autor.

2. Trabalho pericial

Objetivo: Analisar as condições dos contratos celebrados entre as partes e o objeto da ação, bem como verificar as formas de cálculo, os juros e os encargos aplicados.

Local: Escritório do perito judicial.

Documentos utilizados: Os dos autos e aqueles apresentados pelo Réu durante a realização de diligências, conforme fls. _____.

Pesquisa: Feita pela perícia em busca dos dados do documento 1, obtidos na página eletrônica do Banco Central do Brasil: www.bcb.gov.br.

Diligências: Realizadas pelo perito judicial em busca de informações e documentos necessários ao desenvolvimento da perícia.

Ressalva sobre as informações e a documentação apresentada: A perícia foi feita com base nos documentos constantes dos autos e naqueles apresentados pelo Réu, presumindo que eles sejam fidedignos.

3. Quesitos apresentados pelo MM. Juízo – fls. _____

1º quesito do MM. Juízo

Houve a prática de anatocismo, ou seja, de capitalização de juros (juros compostos ou juros sobre juros)?

Resposta da perícia

Negativa é a resposta, sob o ponto de vista técnico.

Conforme pode ser observado pelo contrato celebrado entre as partes em _____ de _____ de _____ e objeto da ação, identificado às fls. _____ da Ação Cautelar em apenso, verificamos que o valor financiado deveria ser pago em parcelas mensais, iguais e consecutivas, formadas por juros e amortização. Assim, com o pagamento de cada uma das parcelas contratadas, os juros seriam quitados, não ocorrendo a incorporação deles ao saldo devedor ou consequente cálculo de juros sobre juros (ou juros capitalizados).

A demonstração de cálculo do contrato pode ser observada por meio do anexo 1 do laudo.

2º quesito do MM. Juízo

Houve cobrança de juros acima de 12% ao ano? Se positivo, de quanto foram tais juros? São superiores ao pactuado pelas partes?

Resposta da perícia

Positiva é a resposta, os juros cobrados foram superiores ao percentual de 12% ao ano.

Ainda conforme o que consta do contrato identificado às fls. _____ da Ação Cautelar em apenso e segundo o demonstrativo de cálculo anexo 1 do laudo, observamos que os juros contratados e cobrados foram de 3,61% ao mês.

3º quesito do MM. Juízo

Se constatada e retirada a capitalização dos juros (mantidos, porém, os juros no montante contratado), de quanto seria a diferença apurada em favor do Autor? Qual seria o valor da eventual dívida do Autor para com o banco, compensando-se a diferença anteriormente citada, mais o que já foi eventualmente pago?

Resposta da perícia

Conforme o descrito pela perícia no atendimento ao quesito de nº 1 desta mesma série, e matematicamente demonstrado pela perícia no anexo 1 do laudo, verificamos que não houve a cobrança de juros capitalizados no contrato celebrado entre as partes e identificado às fls. _____ da Ação Cautelar em apenso.

4º quesito do MM. Juízo

Se constatados e retirados os juros acima de 12% ao ano, de quanto seria a diferença apurada em favor do Autor? Qual seria o valor da eventual dívida do Autor para com o banco, compensando-se a diferença anteriormente citada, mais o que já foi eventualmente pago?

Resposta da perícia

Para o atendimento técnico completo ao que foi solicitado no quesito, a perícia elaborou o demonstrativo anexo 3 do laudo, no qual estão apresentados os cálculos de apuração do saldo devedor do Autor diante do Banco Réu com a aplicação de juros de 12% ao ano (ou 1% ao mês).

Assim, o saldo devedor apurado pela perícia no recálculo seria de R$ 6.598,19 até a data do último vencimento identificado como pago pelo Autor, ou seja, em 16 de outubro de X6.

5º quesito do MM. Juízo

Se constatados e retirados os juros acima de 12% ao ano, mais a capitalização, de quanto seria a diferença apurada em favor do Autor? Qual seria o valor da eventual dívida do Autor para com o banco, compensando-se a diferença anteriormente citada, mais o que já foi eventualmente pago?

Resposta da perícia

O atendimento técnico completo ao que foi solicitado pode ser observado nas respostas apresentadas aos quesitos de nº 1, 3 e 4 desta mesma série.

6º quesito do MM. Juízo

Houve cobrança de comissão de permanência? Qual a taxa aplicada? Foi superior à taxa média de mercado ou à taxa contratada? Houve cumulação de comissão de permanência com correção monetária, juros e multa?

Resposta da perícia

O Banco Réu apresentou o cálculo de apuração dos valores devidos pelo Autor, referente ao contrato em discussão nos autos, até a data de _____ de _____ de _____, conforme planilha de fls. _____ dos autos, no qual identificamos a aplicação de atualização monetária com a utilização dos índices da Taxa Referencial (TR) e de juros moratórios de 12% ao ano. Assim, no referido demonstrativo, não existe a indicação da cobrança de comissão de permanência.

No entanto, de acordo com o título de protesto observado às fls. ____ da Ação Cautelar em apenso, existe a indicação do valor do título vencido, sem qualquer forma de detalhamento que pudesse identificar a sua forma de apuração, prejudicando a verificação da cobrança ou não de comissão de permanência.

4. **Quesitos apresentados pelo Réu – fls. _____:**

1º quesito do Réu

Queira informar o Sr. Perito, preliminarmente, qual é a modalidade de crédito objeto da presente demanda, especificando ainda as suas principais características e peculiaridades.

Resposta da perícia

A operação de crédito objeto da ação pode ser observada por meio do contrato de financiamento identificado às fls. _____ da Ação Cautelar em apenso, no qual observamos as principais condições:

Valor financiado: R$ 23.535,00;

Valor do IOF: R$ 287,45;
Cobrança de encargos (IOF): financiado;
Juros – fixo: 3,61% a.m.;
Cobrança de encargos (juros): postecipado;
Data de liberação: 30/09/X5;
Forma de pagamento (principal): mensal;
Número de prestações: 24;
Primeiro vencimento: 14/10/X5;
Último vencimento: 14/09/X7;
Valor unitário da prestação: R$ 1.489,62;
Valor do crédito financiado: R$ 23.967,45;
Valor do débito total: R$ 35.750,92;
Taxa de abertura de contrato: R$ 145,00;
Cobrança de encargos (TAC): financiado;
Taxa efetiva (% a.m.): 3,61;
Taxa efetiva (% a.a.): 53,044.

2º quesito do Réu

Caso negativa a resposta ao quesito precedente, queira o Sr. Perito diligenciar e pesquisar no Banco Central do Brasil quais são as taxas de juros praticadas pelas principais instituições financeiras do país, na modalidade de crédito em estudo e para periodicidades congêneres, considerando, contudo, a separação em nichos de atuação (público-alvo perseguido), bem como subdivisão em pessoas jurídicas e físicas.

Resposta da perícia

Atendendo ao que está sendo solicitado no quesito, sob o ponto de vista técnico, a perícia apresenta o levantamento de taxas de juros do mercado identificadas pelo documento 1 do laudo.

3º quesito do Réu

É correto afirmar que na modalidade de crédito ora em análise, ou seja, abertura de crédito rotativo em conta-corrente, popularmente conhecido como "cheque especial", o Banco disponibiliza um certo limite de capital ao correntista, podendo este usufruir os recursos disponibilizados da melhor forma que lhe convier?

Resposta da perícia

Conforme pode ser observado no contrato identificado às fls._____ da Ação Cautelar em apenso, verificamos que a operação realizada entre as partes e o objeto da ação é de financiamento, por meio do pagamento de parcelas mensais (formadas por juros e amortização), e não de cheque especial.

4º quesito do Réu

Queira o Sr. Perito verificar, com base nos extratos de movimentação de conta-corrente carreados aos autos, se houve a cobrança, de forma cumulada, de correção monetária e de comissão de permanência conforme se insurge o cliente. Além disso, ainda em consonância com os extratos de movimentação de conta-corrente, queira o Sr. Perito informar se houve, por parte do Agente Financeiro ora Réu, a cobrança de multa moratória mediante a incidência de encargos superiores aos praticados no mercado na modalidade de crédito ora *sub judice*.

Resposta da perícia

Prejudicado o atendimento técnico ao que foi solicitado no quesito, pois foge ao objeto de trabalho da perícia.

Já quanto ao contrato em discussão nos autos, devemos observar sobre a cobrança de comissão de permanência, a correção monetária e a multa moratória o seguinte:

O Banco Réu apresentou o cálculo de apuração dos valores devidos pelo Autor até a data de 5 de setembro de X8, conforme planilha de fls. ___ _____ dos autos, no qual identificamos a aplicação de atualização monetária com a utilização dos índices da TR e de juros moratórios de 12% ao ano. Assim, no referido demonstrativo, não existe a indicação da cobrança de comissão de permanência;

No entanto, no título de protesto observado às fls. _____ da Ação Cautelar em apenso, existe a indicação do valor do título, sem qualquer forma de detalhamento que pudesse identificar a sua forma de apuração, prejudicando a verificação da cobrança ou não de comissão de permanência.

5º quesito do Réu

Especifique o Sr. Perito se houve a cobrança de algum encargo, precisamente quanto à fase de inadimplência, que não foi previamente estipulado entre as partes ora litigantes.

Resposta da perícia

De acordo com o contrato de financiamento celebrado entre as partes em 30 de setembro de X5 e identificado às fls. _____ da Ação Cautelar em apenso, temos quanto aos casos de inadimplência o seguinte:

> 17. A ausência de quitação de quaisquer importâncias relativas a este contrato, nas datas de vencimentos em eventual vencimento antecipado do contrato, exigirá a liquidação integral e imediata do total da dívida e dos encargos devidos, ou da comissão de permanência conforme disciplinada pelo Banco Central do Brasil, calculada à taxa máxima do mercado do dia do pagamento adotada pelo agente financiador em suas operações ativas, que se encontra disponível nas Agências _____, além dos juros moratórios de 1% (um por cento) ao mês, contados do vencimento até a data do respectivo pagamento, sem prejuízo do disposto nas Cláusulas 18 e 19 deste instrumento.
> 18. Ocorrendo o descumprimento de qualquer obrigação contratada, o Financiado pagará ao Financiador, além dos encargos contratuais estipulados na cláusula anterior, a multa convencional e irredutível de 2% (dois por cento) sobre o valor da dívida, de caráter exclusivamente moratório, independentemente de notificação judicial ou extrajudicial.
> 19. Se, eventualmente, o Financiador tiver que recorrer a procedimento administrativo ou judicial para defesa de seus direitos ou para recebimento do que lhe for devido, de principal e/ou encargos, responderá o Financiado pelas despesas, pelas custas judiciais e extrajudiciais e pelos honorários advocatícios fixados judicialmente.

O Banco Réu apresentou o cálculo de apuração dos valores devidos pelo Autor referente ao contrato em discussão nos autos até a data de 05/09/X8, conforme planilha de fls. _____, no qual identificamos a aplicação de atualização monetária com a utilização dos índices da TR e de juros moratórios de 12% a.a.

No entanto, no título de protesto observado às fls. _____ da Ação Cautelar em apenso, existe a indicação do valor do título sem qualquer forma de detalhamento que pudesse identificar a sua forma de apuração.

5. Conclusões técnicas

A operação de crédito objeto da ação pode ser observada no contrato de financiamento identificado às fls. _____ da Ação Cautelar em apenso, no qual observamos as principais condições:

Valor financiado: R$ 23.535,00;

Valor do IOF: R$ 287,45;

Cobrança de encargos (IOF): financiado;

Juros – fixo: 3,61% a.m.;

Cobrança de encargos (juros): postecipado;

Data de liberação: 30/09/X5;

Forma de pagamento (principal): mensal;

Número de prestações: 24;

Primeiro vencimento: 14/10/X5;

Último vencimento: 14/09/X7;

Valor unitário da prestação: R$ 1.489,62;

Valor do crédito financiado: R$ 23.967,45;

Valor do débito total: R$ 35.750,92;

Taxa de abertura de contrato: R$ 145,00;

Cobrança de encargos (TAC): financiado;

Taxa efetiva (% a.m.): 3,61;

Taxa efetiva (% a.a.): 53,044.

Assim, verificamos que o valor financiado deveria ser pago em parcelas mensais, iguais e consecutivas, formadas por juros e amortização. Com o pagamento de cada uma das parcelas contratadas, os juros seriam quitados, não ocorrendo a incorporação dos mesmos ao saldo devedor ou consequente cálculo de juros sobre juros (ou juros capitalizados). A demonstração de cálculo do contrato pode ser observada no anexo 1 do laudo.

De acordo com o que consta da planilha de cálculo apresentada pelo Banco Réu às fls. _____ dos autos, verificamos que o Autor pagou 13 parcelas do total de 24 devidas ao Réu. Assim, deixaram de ser pagas as parcelas de nº 14 até 24.

O Banco Réu apresentou o cálculo de apuração dos valores devidos pelo Autor, referente ao contrato em discussão nos autos, até a data de 5 de setembro de XX, conforme planilha de fls. _____ dos autos e anexo 2 do laudo, no qual identificamos a aplicação de atualização monetária com a utilização dos índices da TR e de juros moratórios de 12% ao ano. No referido demonstrativo não existe a indicação da cobrança de comissão de permanência ou multa moratória.

No entanto, no título de protesto observado às fls. _____ da Ação Cautelar em apenso, existe a indicação do valor do título vencido sem qualquer forma de detalhamento que pudesse identificar a sua forma de apuração, prejudicando a verificação das formas de cobrança, dos encargos, dos índices e dos percentuais aplicados. Além disso, não consta dos documentos apresentados nos autos a indicação do quanto teria sido pago pelo Autor ao Banco Réu após o vencimento das parcelas do contrato original para apuração do saldo devedor final.

Finalmente, para o atendimento técnico completo ao que foi solicitado pelo Autor na inicial, a perícia elaborou o demonstrativo anexo 3 do laudo, no qual estão apresentados os cálculos hipotéticos de apuração do saldo devedor do Autor junto ao Banco Réu com a aplicação de juros de 12% ao ano (ou 1% ao mês). Assim, o saldo devedor apurado pela perícia no recálculo seria de R$ 6.598,19 até a data do último vencimento identificado como pago pelo Autor, ou seja, em 16 de outubro de X6.

6. Encerramento

Vai o presente laudo pericial em _____ (_____) páginas impressas por meio de processamento eletrônico de dados de um só lado, todas rubricadas e a última datada e assinada. Acompanham 3 (três) anexos e 1 (um) documento.

_____, _____ de _____ de _____.

_____
Perito judicial
Registro profissional _____

Anexo 1. Cálculo do contrato de financiamento
nº _____ celebrado em 30/9/X5

Número da parcela	Vencimento	Prestação (R$)	Juros (R$)	Amortização (R$)	Saldo devedor (R$)	Pagamento (R$)
0	-	-	-	-	23.967,45	-
1	14/10/X5	1.489,62	399,94	1.089,68	22.877,77	Pago
2	14/11/X5	1.489,62	853,90	635,72	22.242,05	Pago
3	14/12/X5	1.489,62	802,92	686,70	21.555,35	Pago
4	16/01/X6	1.489,62	857,47	632,15	20.923,20	Pago
5	14/02/X6	1.489,62	729,70	759,92	20.163,28	Pago
6	14/03/X6	1.489,62	678,54	811,08	19.352,20	Pago
7	17/04/X6	1.489,62	793,63	695,99	18.656,21	Pago
8	15/05/X6	1.489,62	627,83	861,79	17.794,42	Pago
9	14/06/X6	1.489,62	642,36	847,26	16.947,16	Pago
10	14/07/X6	1.489,62	611,78	877,84	16.069,32	Pago
11	14/08/X6	1.489,62	599,78	889,84	15.179,48	Pago
12	14/09/X6	1.489,62	566,57	923,05	14.256,43	Pago
13	16/10/X6	1.489,62	549,61	940,01	13.316,42	Pago
14	14/11/X6	1.489,62	464,41	1.025,21	12.291,21	Devido
15	14/12/X6	1.489,62	443,70	1.045,92	11.245,29	Devido
16	15/01/X7	1.489,62	433,52	1.056,10	10.189,19	Devido
17	14/02/X7	1.489,62	367,82	1.121,80	9.067,39	Devido
18	14/03/X7	1.489,62	305,14	1.184,48	7.882,91	Devido
19	16/04/X7	1.489,62	313,58	1.176,04	6.706,87	Devido
20	14/05/X7	1.489,62	225,70	1.263,92	5.442,95	Devido
21	14/06/X7	1.489,62	203,15	1.286,47	4.156,48	Devido
22	16/07/x7	1.489,62	160,23	1.329,39	2.827,09	Devido
23	14/08/X7	1.489,62	98,59	1.391,03	1.436,06	Devido
24	14/09/X7	1.489,66	53,60	1.436,06	0	Devido

Anexo 2. Cálculo de parcelas vencidas do contrato nº _____ até 5/9/X8, conforme demonstrativo do réu de fls. _____

Número da parcela	Vencimento	Parcela (R$)	Índice de atualização (TR)	Valor da atualização (R$)	Parcela atualizada (R$)	Juros de mora (12% a.a.)	Valor dos juros de mora (R$)	Parcela atualizada com juros de mora (R$)
14	14/11/X6	1.489,62	2,55%	37,97	1.527,59	23,13%	353,35	1.880,94
15	14/12/X6	1.489,62	2,36%	35,13	1.524,75	21,97%	335,05	1.859,80
16	15/01/X7	1.489,62	2,24%	33,42	1.523,04	20,75%	316,05	1.839,09
17	14/02/X7	1.489,62	2,00%	29,77	1.519,39	19,62%	298,05	1.817,44
18	14/03/X7	1.489,62	1,92%	28,58	1.518,20	18,57%	281,88	1.800,08
19	16/04/X7	1.489,62	1,77%	26,40	1.516,02	17,34%	262,90	1.778,92
20	14/05/X7	1.489,62	1,65%	24,55	1.514,17	16,31%	246,98	1.761,15
21	14/06/X7	1.489,62	1,48%	22,05	1.511,67	15,18%	229,50	1.741,17
22	16/07/X7	1.489,62	1,37%	20,43	1.510,05	14,03%	211,82	1.721,87
23	14/08/X7	1.489,62	1,22%	18,24	1.507,86	12,99%	195,89	1.703,75
24	14/09/X7	1.489,66	1,12%	16,65	1.506,31	11,89%	179,16	1.685,47
					Saldo até 5/9/X8			19.589,68

Anexo 3. Recálculo do saldo devedor do contrato nº _____ celebrado em 30/9/X5 com juros de 12% a.a.

Número da parcela	Vencimento	Prestação (R$)	Juros de 1% a.m. (R$)	Amortização (R$)	Saldo devedor (R$)	Pagamento
0	-	-	-	-	23.967,45	-
1	14/10/X5	1.489,62	111,85	1.377,77	22.589,68	Pago
2	14/11/X5	1.489,62	233,43	1.256,19	21.333,48	Pago
3	14/12/X5	1.489,62	213,33	1.276,29	20.057,20	Pago
4	16/01/X6	1.489,62	220,63	1.268,99	18.788,21	Pago
5	14/02/X6	1.489,62	181,62	1.308,00	17.480,21	Pago
6	14/03/X6	1.489,62	163,15	1.326,47	16.153,74	Pago
7	17/04/X6	1.489,62	183,08	1.306,54	14.847,19	Pago
8	15/05/X6	1.489,62	138,57	1.351,05	13.496,15	Pago
9	14/06/X6	1.489,62	134,96	1.354,66	12.141,49	Pago
10	14/07/X6	1.489,62	121,41	1.368,21	10.773,28	Pago
11	14/08/X6	1.489,62	111,32	1.378,30	9.394,99	Pago
12	14/09/X6	1.489,62	97,08	1.392,54	8.002,45	Pago
13	16/10/X6	1.489,62	85,36	1.404,26	6.598,19	Pago

3º exemplo de laudo financeiro

EXCELENTÍSSIMO SENHOR DOUTOR JUIZ DE DIREITO DA __ _____ VARA CÍVEL DA COMARCA DE _____.

PROCESSO: _____.
REQUERENTES: _____.
REQUERIDO: _____.

_____, _____, perito judicial nomeado às fls. _____ dos autos do processo em referência, tendo procedido aos estudos, às análises e às diligências que se fizeram necessárias, vem respeitosamente apresentar à consideração de Vossa Excelência o seguinte:

Laudo pericial financeiro

1. **Considerações iniciais**

- Os Autores apresentam suas alegações (inicial – fls. _____ dos autos), declarando que: os Autores teriam celebrado com a Ré o Instrumento Particular de Promessa de Venda e Compra de Imóvel e Outras Avenças datado de 10 de agosto de X5. No momento da entrega das chaves, em março de X9, foi realizado o Instrumento Particular de Confissão de Dívida e Outras Avenças, relativamente ao saldo financiado pelos Autores. Os Autores afirmam que existe capitalização de juros na operação contratada. Requer ao final a procedência da ação, para a revisão do negócio realizado entre as partes, com a declaração de nulidade das disposições contratuais que estipularam a aplicação de juros capitalizados de forma composta.

- A Ré apresentou contestação (fls. _____ dos autos), afirmando que os Autores não teriam quitado o contrato celebrado entre as partes, além de declarar que o contrato não contempla o cálculo de juros sobre juros, requerendo a improcedência da ação.

- Os Autores oferecem sua réplica, reafirmando suas alegações anteriores.

- O MM. Juízo determinou a realização de prova pericial, como segue:

> [...] a controvérsia gira em torno da aplicação da Tabela Price, porquanto ela implicaria a capitalização composta dos juros (anatocismo). A questão exige estudo técnico para seu esclarecimento. Diante disso, entendo que a questão deve ser solvida no caso concreto, mediante a realização de perícia contábil, por meio da qual o perito identificará a existência ou não de juros compostos no sistema utilizado.

- Os Autores apresentaram quesitos e indicaram Assistente Técnico às fls. _____, não tendo sido feito o mesmo pela Ré.

2. Trabalho pericial

Objetivo da perícia: Analisar as características e as condições dos contratos celebrados entre as partes e o objeto da ação, bem como verificar as formas de cálculo, os juros e os encargos aplicados.

Local: Escritório do perito judicial.

Diligências: Realizadas pelo perito judicial em busca de informações e documentos necessários ao desenvolvimento da perícia.

Documentos utilizados: Os dos autos, além daqueles apresentados pelas partes durante a realização de diligências.

Ressalva sobre as informações e a documentação apresentada: A perícia foi feita com base nos documentos constantes dos autos e naqueles apresentados pelas partes, presumindo que eles sejam fidedignos.

3. Quesitos apresentados pelos autores – fls. _____

1º quesito dos Autores

Pede-se ao Sr. Perito que reproduza as principais características dos contratos firmados entre as partes.

Resposta da perícia

As características e as condições dos contratos celebrados entre as partes podem ser observadas nos documentos de fls. _____ dos autos, nos quais constam cópias do Instrumento Particular de Promessa de Venda e Compra de Imóvel e Outras Avenças, datado de 10 de agosto de X5, e ainda pelos documentos de fls. _____, identificando cópias do Instrumento Particular de Confissão de Dívida e Outras Avenças, celebrado em 11 de março de X9.

2º quesito dos Autores

Pede-se ao Sr. Perito que demonstre, detalhadamente, o cálculo da primeira prestação, conforme item _____ do quadro-resumo do contrato de financiamento *sub judice*.

Resposta da perícia

O atendimento técnico ao quanto solicitado no quesito pode ser observado nos demonstrativos de cálculo anexos 1 e 2 do laudo, tendo como base as condições dos contratos celebrados entre as partes e identificados às fls. _____ dos autos.

3º quesito dos Autores

Pede-se ao Sr. Perito que demonstre, por meio de planilha de cálculo, a evolução do saldo devedor, praticada pela Requerida, desde a compra do imóvel até o início do financiamento, indicando possíveis irregularidades matemáticas. Caso existam irregularidades, favor informar o correto valor do saldo devedor inicial.

Resposta da perícia

As demonstrações matemáticas das condições contratadas entre as partes por meio do Instrumento Particular de Promessa de Venda e Compra de Imóvel e Outras Avenças, datado de 10 de agosto de X5 e do Instrumento Particular de Confissão de Dívida e Outras Avenças, celebrado em 11 de março de X9, descritos na resposta apresentada ao quesito anterior desta mesma série, podem ser observadas nos anexos 1 e 2 do laudo.

Assim, inicialmente devemos observar que no primeiro contrato não consta o valor das parcelas do plano de pagamento com juros (Tabela Price), item _____ do quadro-resumo, indicando apenas os valores de pagamentos previstos sem juros, conforme indicado no anexo 1.

Já para o segundo contrato, verificamos que o valor da parcela mensal prevista, de R$ 666,19, é obtido pela aplicação no sistema de amortização da Tabela Price de juros de 1,1449% ao mês e não pela taxa de 1% prevista, conforme devidamente demonstrado no anexo 2.

Finalmente, fica prejudicada a identificação da evolução do saldo devedor praticado pela Ré, sendo que deixaram de ser apresentados os documentos necessários para tanto.

4. Conclusões técnicas

As principais características e condições dos contratos celebrados entre as partes podem ser observadas nos documentos de fls. _____ _____ dos autos, pelos quais constam cópias do Instrumento Particular de Promessa de Venda e Compra de Imóvel e Outras Avenças, datado de 10 de agosto de X5, e ainda pelos documentos de fls. _____, identificando cópias do Instrumento Particular de Confissão de Dívida e Outras Avenças, celebrado em 11 de março de X9. As demonstrações matemáticas das condições dos referidos instrumentos podem ser observadas nos anexos 1 e 2 do laudo.

Assim, devemos observar que no primeiro contrato (10/08/X5) não consta o valor das parcelas do plano de pagamento com juros (Tabela Price), item _____ do quadro-resumo, constando apenas os valores de pagamentos previstos sem juros.

Já para o segundo contrato (11/03/X9), verificamos que o valor da parcela mensal prevista, de R$ 666,19, é obtido pela aplicação no sistema de amortização da Tabela Price de juros de 1,1449% ao mês e não pela taxa de 1% prevista.

Verificamos ainda que o contrato celebrado entre as partes estabelece pagamento financiado com juros, por meio do sistema de amortização da Tabela Price, pela qual são efetuados pagamentos mensais formados por juros e amortização. Assim, pelo sistema Price, com a quitação das parcelas mensais os juros são pagos e não ocorre a incorporação deles ao saldo devedor ou o consequente cálculo de juros sobre juros ou juros capitalizados em períodos seguintes.

Além disso, constam ainda dos instrumentos a incidência de atualização monetária (IGP-M) sobre os valores das parcelas mensais e dos saldos devedores. Dessa forma, verificamos que a aplicação de mesmo índice, e em mesma periodicidade de atualização, sobre os valores de parcelas e saldos devedores em plano de pagamento construído com base na Tabela Price não implica a geração de saldo residual, ou seja, o plano será encerrado ao final do período estabelecido e com o pagamento das parcelas previstas.

Finalmente, devemos observar que não foram apresentadas informações completas pela Ré, prejudicando a análise da evolução do saldo devedor do primeiro contrato, a forma de apuração da dívida confessada no segundo contrato, a evolução do saldo devedor do segundo contrato, bem como a evolução completa dos valores de parcelas cobradas e pagas.

5. Encerramento

Vai o presente laudo pericial em _____ (_____) páginas impressas por meio de processamento eletrônico de dados de um só lado, todas rubricadas e a última datada e assinada. Acompanham 3 (três) anexos.

_____, _____ de _____ de _____

_____
Perito judicial
Registro profissional _____

Anexo 1. Demonstrativo de cálculo do contrato de 10/08/X5 – fls. ___

Número da parcela	Data de vencimento	Valor da parcela (R$)	Saldo devedor (R$)
0	-	-	51.599,90
Entrada	-	2.580,00	49.019,90
1	10/09/X5	496,15	48.523,75
2	10/10/X5	496,15	48.027,60
3	10/11/X5	496,15	47.531,45
4	10/12/X5	496,15	47.035,30
5	10/01/X6	496,15	46.539,15
6	10/02/X6	496,15	46.043,00
7	10/03/X6	496,15	45.546,85
8	10/04/X6	496,15	45.050,70
9	10/05/X6	496,15	44.554,55
10	10/06/X6	496,15	44.058,40
11	10/07/X6	496,15	43.562,25
12	10/08/X6	496,15	43.066,10
13	10/09/X6	496,15	42.569,95
14	10/10/X6	496,15	42.073,80
15	10/11/X6	496,15	41.577,65
16	10/12/X6	496,15	41.081,50
17	10/01/X7	496,15	40.585,35
18	10/02/X7	496,15	40.089,20
19	10/03/X7	496,15	39.593,05
20	10/04/X7	496,15	39.096,90
21	10/05/X7	496,15	38.600,75
22	10/06/X7	496,15	38.104,60
23	10/07/X7	496,15	37.608,45

(cont.)

Anexo 1. Demonstrativo de cálculo do contrato de 10/08/X5 – fls. ___

Número da parcela	Data de vencimento	Valor da parcela (R$)	Saldo devedor (R$)
24	10/08/X7	496,15	37.112,30
25	10/09/X7	496,15	36.616,15
26	10/10/X7	496,15	36.120,00
1	10/11/X7	258,00	35.862,00
2	10/12/X7	258,00	35.604,00
3	10/01/X8	258,00	35.346,00
4	10/02/X8	258,00	35.088,00
5	10/03/X8	258,00	34.830,00
6	10/04/X8	258,00	34.572,00
7	10/05/X8	258,00	34.314,00
8	10/06/X8	258,00	34.056,00
9	10/07/X8	258,00	33.798,00
10	10/08/X8	258,00	33.540,00
11	10/09/X8	258,00	33.282,00
12	10/10/X8	258,00	33.024,00
13	10/11/X8	258,00	32.766,00
14	10/12/X8	258,00	32.508,00
15	10/01/X9	258,00	32.250,00
16	10/02/X9	258,00	31.992,00
17	10/03/X9	258,00	31.734,00
18	10/04/X9	258,00	31.476,00
19	10/05/X9	258,00	31.218,00
20	10/06/X9	258,00	30.960,00
21	10/07/X9	258,00	30.702,00
22	10/08/X9	258,00	30.444,00

(cont.)

Anexo 1. Demonstrativo de cálculo do contrato de 10/08/X5 – fls. ___

Número da parcela	Data de vencimento	Valor da parcela (R$)	Saldo devedor (R$)
23	10/09/X9	258,00	30.186,00
24	10/10/X9	258,00	29.928,00
25	10/11/X9	258,00	29.670,00
26	10/12/X9	258,00	29.412,00
27	10/01/X0	258,00	29.154,00
28	10/02/X0	258,00	28.896,00
29	10/03/X0	258,00	28.638,00
30	10/04/X0	258,00	28.380,00
31	10/05/X0	258,00	28.122,00
32	10/06/X0	258,00	27.864,00
33	10/07/X0	258,00	27.606,00
34	10/08/X0	258,00	27.348,00
35	10/09/X0	258,00	27.090,00
36	10/10/X0	258,00	26.832,00
37	10/11/X0	258,00	26.574,00
38	10/12/X0	258,00	26.316,00
39	10/01/X1	258,00	26.058,00
40	10/02/X1	258,00	25.800,00
41	10/03/X1	258,00	25.542,00
42	10/04/X1	258,00	25.284,00
43	10/05/X1	258,00	25.026,00
44	10/06/X1	258,00	24.768,00
45	10/07/X1	258,00	24.510,00
46	10/08/X1	258,00	24.252,00
47	10/09/X1	258,00	23.994,00

(cont.)

Anexo 1. Demonstrativo de cálculo do contrato de 10/08/X5 – fls. ___

Número da parcela	Data de vencimento	Valor da parcela (R$)	Saldo devedor (R$)
48	10/10/X1	258,00	23.736,00
49	10/11/X1	258,00	23.478,00
50	10/12/X1	258,00	23.220,00
51	10/01/X2	258,00	22.962,00
52	10/02/X2	258,00	22.704,00
53	10/03/X2	258,00	22.446,00
54	10/04/X2	258,00	22.188,00
55	10/05/X2	258,00	21.930,00
56	10/06/X2	258,00	21.672,00
57	10/07/X2	258,00	21.414,00
58	10/08/X2	258,00	21.156,00
59	10/09/X2	258,00	20.898,00
60	10/10/X2	258,00	20.640,00
61	10/11/X2	258,00	20.382,00
62	10/12/X2	258,00	20.124,00
63	10/01/X3	258,00	19.866,00
64	10/02/X3	258,00	19.608,00
65	10/03/X3	258,00	19.350,00
66	10/04/X3	258,00	19.092,00
67	10/05/X3	258,00	18.834,00
68	10/06/X3	258,00	18.576,00
69	10/07/X3	258,00	18.318,00
70	10/08/X3	258,00	18.060,00
71	10/09/X3	258,00	17.802,00
72	10/10/X3	258,00	17.544,00

(cont.)

Anexo 1. Demonstrativo de cálculo do contrato de 10/08/X5 – fls. ___

Número da parcela	Data de vencimento	Valor da parcela (R$)	Saldo devedor (R$)
73	10/11/X3	258,00	17.286,00
74	10/12/X3	258,00	17.028,00
75	10/01/X4	258,00	16.770,00
76	10/02/X4	258,00	16.512,00
77	10/03/X4	258,00	16.254,00
78	10/04/X4	258,00	15.996,00
79	10/05/X4	258,00	15.738,00
80	10/06/X4	258,00	15.480,00
81	10/07/X4	258,00	15.222,00
82	10/08/X4	258,00	14.964,00
83	10/09/X4	258,00	14.706,00
84	10/10/X4	258,00	14.448,00
85	10/11/X4	258,00	14.190,00
86	10/12/X4	258,00	13.932,00
87	10/01/X5	258,00	13.674,00
88	10/02/X5	258,00	13.416,00
89	10/03/X5	258,00	13.158,00
90	10/04/X5	258,00	12.900,00
91	10/05/X5	258,00	12.642,00
92	10/06/X5	258,00	12.384,00
93	10/07/X5	258,00	12.126,00
94	10/08/X5	258,00	11.868,00
95	10/09/X5	258,00	11.610,00
96	10/10/X5	258,00	11.352,00
97	10/11/X5	258,00	11.094,00

(cont.)

Anexo 1. Demonstrativo de cálculo do contrato de 10/08/X5 – fls. ___

Número da parcela	Data de vencimento	Valor da parcela (R$)	Saldo devedor (R$)
98	10/12/X5	258,00	10.836,00
99	10/01/X6	258,00	10.578,00
100	10/02/X6	258,00	10.320,00
101	10/03/X6	258,00	10.062,00
102	10/04/X6	258,00	9.804,00
103	10/05/X6	258,00	9.546,00
104	10/06/X6	258,00	9.288,00
105	10/07/X6	258,00	9.030,00
106	10/08/X6	258,00	8.772,00
107	10/09/X6	258,00	8.514,00
108	10/10/X6	258,00	8.256,00
109	10/11/X6	258,00	7.998,00
110	10/12/X6	258,00	7.740,00
111	10/01/X7	258,00	7.482,00
112	10/02/X7	258,00	7.224,00
113	10/03/X7	258,00	6.966,00
114	10/04/X7	258,00	6.708,00
115	10/05/X7	258,00	6.450,00
116	10/06/X7	258,00	6.192,00
117	10/07/X7	258,00	5.934,00
118	10/08/X7	258,00	5.676,00
119	10/09/X7	258,00	5.418,00
120	10/10/X7	258,00	5.160,00
121	10/11/X7	258,00	4.902,00
122	10/12/X7	258,00	4.644,00

(cont.)

Anexo 1. Demonstrativo de cálculo do contrato de 10/08/X5 – fls. ___

Número da parcela	Data de vencimento	Valor da parcela (R$)	Saldo devedor (R$)
123	10/01/X8	258,00	4.386,00
124	10/02/X8	258,00	4.128,00
125	10/03/X8	258,00	3.870,00
126	10/04/X8	258,00	3.612,00
127	10/05/X8	258,00	3.354,00
128	10/06/X8	258,00	3.096,00
129	10/07/X8	258,00	2.838,00
130	10/08/X8	258,00	2.580,00
131	10/09/X8	258,00	2.322,00
132	10/10/X8	258,00	2.064,00
133	10/11/X8	258,00	1.806,00
134	10/12/X8	258,00	1.548,00
135	10/01/X9	258,00	1.290,00
136	10/02/X9	258,00	1.032,00
137	10/03/X9	258,00	774,00
138	10/04/X9	258,00	516,00
139	10/05/X9	258,00	258,00
140	10/06/X9	258,00	0,00

Anexo 2. Demonstrativo de cálculo do contrato celebrado em 11/03/X9 – fls. ____

Número da parcela	Data de vencimento	Valor da parcela (R$)	Valor dos juros (R$)	Juros a.m.	Valor da amortização (R$)	Saldo devedor (R$)
0	–	–	–	–	–	46.366,60
1	10/04/X9	666,19	530,84	1,14%	135,35	46.231,25
2	10/05/X9	666,19	529,29	1,14%	136,90	46.094,35
3	10/06/X9	666,19	527,73	1,14%	138,46	45.955,89
4	10/07/X9	666,19	526,14	1,14%	140,05	45.815,84
5	10/08/X9	666,19	524,54	1,14%	141,65	45.674,19
6	10/09/X9	666,19	522,91	1,14%	143,28	45.530,91
7	10/10/X9	666,19	521,27	1,14%	144,92	45.386,00
8	10/11/X9	666,19	519,62	1,14%	146,57	45.239,42
9	10/12/X9	666,19	517,94	1,14%	148,25	45.091,17
10	10/01/X0	666,19	516,24	1,14%	149,95	44.941,22
11	10/02/X0	666,19	514,52	1,14%	151,67	44.789,55
12	10/03/X0	666,19	512,79	1,14%	153,40	44.636,15
13	10/04/X0	666,19	511,03	1,14%	155,16	44.480,99
14	10/05/X0	666,19	509,25	1,14%	156,94	44.324,05

(cont.)

Anexo 2. Demonstrativo de cálculo do contrato celebrado em 11/03/X9 – fls. _____

Número da parcela	Data de vencimento	Valor da parcela (R$)	Valor dos juros (R$)	Juros a.m.	Valor da amortização (R$)	Saldo devedor (R$)
15	10/06/X0	666,19	507,46	1,14%	158,73	44.165,32
16	10/07/X0	666,19	505,64	1,14%	160,55	44.004,77
17	10/08/X0	666,19	503,80	1,14%	162,39	43.842,38
18	10/09/X0	666,19	501,94	1,14%	164,25	43.678,14
19	10/10/X0	666,19	500,06	1,14%	166,13	43.512,01
20	10/11/X0	666,19	498,16	1,14%	168,03	43.343,98
21	10/12/X0	666,19	496,24	1,14%	169,95	43.174,03
22	10/01/X1	666,19	494,29	1,14%	171,90	43.002,13
23	10/02/X1	666,19	492,32	1,14%	173,87	42.828,26
24	10/03/X1	666,19	490,33	1,14%	175,86	42.652,40
25	10/04/X1	666,19	488,32	1,14%	177,87	42.474,53
26	10/05/X1	666,19	486,28	1,14%	179,91	42.294,62
27	10/06/X1	666,19	484,22	1,14%	181,97	42.112,66
28	10/07/X1	666,19	482,14	1,14%	184,05	41.928,61
29	10/08/X1	666,19	480,03	1,14%	186,16	41.742,45

(cont.)

Anexo 2. Demonstrativo de cálculo do contrato celebrado em 11/03/X9 – fls. ____

Número da parcela	Data de vencimento	Valor da parcela (R$)	Valor dos juros (R$)	Juros a.m.	Valor da amortização (R$)	Saldo devedor (R$)
30	10/09/X1	666,19	477,90	1,14%	188,29	41.554,16
31	10/10/X1	666,19	475,75	1,14%	190,44	41.363,72
32	10/11/X1	666,19	473,57	1,14%	192,62	41.171,09
33	10/12/X1	666,19	471,36	1,14%	194,83	40.976,26
34	10/01/X2	666,19	469,13	1,14%	197,06	40.779,20
35	10/02/X2	666,19	466,87	1,14%	199,32	40.579,88
36	10/03/X2	666,19	464,59	1,14%	201,60	40.378,28
37	10/04/X2	666,19	462,28	1,14%	203,91	40.174,38
38	10/05/X2	666,19	459,95	1,14%	206,24	39.968,14
39	10/06/X2	666,19	457,59	1,14%	208,60	39.759,53
40	10/07/X2	666,19	455,20	1,14%	210,99	39.548,54
41	10/08/X2	666,19	452,78	1,14%	213,41	39.335,14
42	10/09/X2	666,19	450,34	1,14%	215,85	39.119,29
43	10/10/X2	666,19	447,87	1,14%	218,32	38.900,97
44	10/11/X2	666,19	445,37	1,14%	220,82	38.680,15

(cont.)

Anexo 2. Demonstrativo de cálculo do contrato celebrado em 11/03/X9 – fls. _____

Número da parcela	Data de vencimento	Valor da parcela (R$)	Valor dos juros (R$)	Juros a.m.	Valor da amortização (R$)	Saldo devedor (R$)
45	10/12/X2	666,19	442,84	1,14%	223,35	38.456,80
46	10/01/X3	666,19	440,28	1,14%	225,91	38.230,89
47	10/02/X3	666,19	437,70	1,14%	228,49	38.002,40
48	10/03/X3	666,19	435,08	1,14%	231,11	37.771,29
49	10/04/X3	666,19	432,44	1,14%	233,75	37.537,54
50	10/05/X3	666,19	429,76	1,14%	236,43	37.301,11
51	10/06/X3	666,19	427,05	1,14%	239,14	37.061,97
52	10/07/X3	666,19	424,32	1,14%	241,87	36.820,10
53	10/08/X3	666,19	421,55	1,14%	244,64	36.575,45
54	10/09/X3	666,19	418,75	1,14%	247,44	36.328,01
55	10/10/X3	666,19	415,91	1,14%	250,28	36.077,73
56	10/11/X3	666,19	413,05	1,14%	253,14	35.824,59
57	10/12/X3	666,19	410,15	1,14%	256,04	35.568,55
58	10/01/X4	666,19	407,22	1,14%	258,97	35.309,57
59	10/02/X4	666,19	404,25	1,14%	261,94	35.047,64

(cont.)

Anexo 2. Demonstrativo de cálculo do contrato celebrado em 11/03/X9 – fls. _____

Número da parcela	Data de vencimento	Valor da parcela (R$)	Valor dos juros (R$)	Juros a.m.	Valor da amortização (R$)	Saldo devedor (R$)
60	10/03/X4	666,19	401,25	1,14%	264,94	34.782,70
61	10/04/X4	666,19	398,22	1,14%	267,97	34.514,73
62	10/05/X4	666,19	395,15	1,14%	271,04	34.243,69
63	10/06/X4	666,19	392,05	1,14%	274,14	33.969,55
64	10/07/X4	666,19	388,91	1,14%	277,28	33.692,27
65	10/08/X4	666,19	385,74	1,14%	280,45	33.411,82
66	10/09/X4	666,19	382,53	1,14%	283,66	33.128,15
67	10/10/X4	666,19	379,28	1,14%	286,91	32.841,24
68	10/11/X4	666,19	375,99	1,14%	290,20	32.551,04
69	10/12/X4	666,19	372,67	1,14%	293,52	32.257,52
70	10/01/X5	666,19	369,31	1,14%	296,88	31.960,64
71	10/02/X5	666,19	365,91	1,14%	300,28	31.660,37
72	10/03/X5	666,19	362,47	1,14%	303,72	31.356,65
73	10/04/X5	666,19	359,00	1,14%	307,19	31.049,46
74	10/05/X5	666,19	355,48	1,14%	310,71	30.738,74

(cont.)

Anexo 2. Demonstrativo de cálculo do contrato celebrado em 11/03/X9 – fls. _____

Número da parcela	Data de vencimento	Valor da parcela (R$)	Valor dos juros (R$)	Juros a.m.	Valor da amortização (R$)	Saldo devedor (R$)
75	10/06/X5	666,19	351,92	1,14%	314,27	30.424,48
76	10/07/X5	666,19	348,32	1,14%	317,87	30.106,61
77	10/08/X5	666,19	344,68	1,14%	321,51	29.785,11
78	10/09/X5	666,19	341,00	1,14%	325,19	29.459,92
79	10/10/X5	666,19	337,28	1,14%	328,91	29.131,01
80	10/11/X5	666,19	333,52	1,14%	332,67	28.798,34
81	10/12/X5	666,19	329,71	1,14%	336,48	28.461,85
82	10/01/X6	666,19	325,85	1,14%	340,34	28.121,52
83	10/02/X6	666,19	321,96	1,14%	344,23	27.777,28
84	10/03/X6	666,19	318,02	1,14%	348,17	27.429,11
85	10/04/X6	666,19	314,03	1,14%	352,16	27.076,95
86	10/05/X6	666,19	310,00	1,14%	356,19	26.720,76
87	10/06/X6	666,19	305,92	1,14%	360,27	26.360,49
88	10/07/X6	666,19	301,80	1,14%	364,39	25.996,10
89	10/08/X6	666,19	297,62	1,14%	368,57	25.627,53

(cont.)

Anexo 2. Demonstrativo de cálculo do contrato celebrado em 11/03/X9 – fls.

Número da parcela	Data de vencimento	Valor da parcela (R$)	Valor dos juros (R$)	Juros a.m.	Valor da amortização (R$)	Saldo devedor (R$)
90	10/09/X6	666,19	293,40	1,14%	372,79	25.254,75
91	10/10/X6	666,19	289,14	1,14%	377,05	24.877,69
92	10/11/X6	666,19	284,82	1,14%	381,37	24.496,32
93	10/12/X6	666,19	280,45	1,14%	385,74	24.110,59
94	10/01/X7	666,19	276,04	1,14%	390,15	23.720,43
95	10/02/X7	666,19	271,57	1,14%	394,62	23.325,81
96	10/03/X7	666,19	267,05	1,14%	399,14	22.926,68
97	10/04/X7	666,19	262,48	1,14%	403,71	22.522,97
98	10/05/X7	666,19	257,86	1,14%	408,33	22.114,64
99	10/06/X7	666,19	253,19	1,14%	413,00	21.701,64
100	10/07/X7	666,19	248,46	1,14%	417,73	21.283,90
101	10/08/X7	666,19	243,68	1,14%	422,51	20.861,39
102	10/09/X7	666,19	238,84	1,14%	427,35	20.434,04
103	10/10/X7	666,19	233,95	1,14%	432,24	20.001,79
104	10/11/X7	666,19	229,00	1,14%	437,19	19.564,60

(cont.)

Anexo 2. Demonstrativo de cálculo do contrato celebrado em 11/03/X9 – fls. _____

Número da parcela	Data de vencimento	Valor da parcela (R$)	Valor dos juros (R$)	Juros a.m.	Valor da amortização (R$)	Saldo devedor (R$)
105	10/12/X7	666,19	223,99	1,14%	442,20	19.122,40
106	10/01/X8	666,19	218,93	1,14%	447,26	18.675,14
107	10/02/X8	666,19	213,81	1,14%	452,38	18.222,76
108	10/03/X8	666,19	208,63	1,14%	457,56	17.765,20
109	10/04/X8	666,19	203,39	1,14%	462,80	17.302,40
110	10/05/X8	666,19	198,09	1,14%	468,10	16.834,30
111	10/06/X8	666,19	192,73	1,14%	473,46	16.360,84
112	10/07/X8	666,19	187,31	1,14%	478,88	15.881,96
113	10/08/X8	666,19	181,83	1,14%	484,36	15.397,60
114	10/09/X8	666,19	176,28	1,14%	489,91	14.907,70
115	10/10/X8	666,19	170,68	1,14%	495,51	14.412,18
116	10/11/X8	666,19	165,00	1,14%	501,19	13.910,99
117	10/12/X8	666,19	159,26	1,14%	506,93	13.404,07
118	10/01/X9	666,19	153,46	1,14%	512,73	12.891,34
119	10/02/X9	666,19	147,59	1,14%	518,60	12.372,74

(cont.)

Anexo 2. Demonstrativo de cálculo do contrato celebrado em 11/03/X9 – fls. _____

Número da parcela	Data de vencimento	Valor da parcela (R$)	Valor dos juros (R$)	Juros a.m.	Valor da amortização (R$)	Saldo devedor (R$)
120	10/03/X9	666,19	141,65	1,14%	524,54	11.848,20
121	10/04/X9	666,19	135,65	1,14%	530,54	11.317,66
122	10/05/X9	666,19	129,57	1,14%	536,62	10.781,04
123	10/06/X9	666,19	123,43	1,14%	542,76	10.238,28
124	10/07/X9	666,19	117,22	1,14%	548,97	9.689,31
125	10/08/X9	666,19	110,93	1,14%	555,26	9.134,05
126	10/09/X9	666,19	104,57	1,14%	561,62	8.572,44
127	10/10/X9	666,19	98,14	1,14%	568,05	8.004,39
128	10/11/X9	666,19	91,64	1,14%	574,55	7.429,84
129	10/12/X9	666,19	85,06	1,14%	581,13	6.848,71
130	10/01/X0	666,19	78,41	1,14%	587,78	6.260,93
131	10/02/X0	666,19	71,68	1,14%	594,51	5.666,42
132	10/03/X0	666,19	64,87	1,14%	601,32	5.065,11
133	10/04/X0	666,19	57,99	1,14%	608,20	4.456,91
134	10/05/X0	666,19	51,03	1,14%	615,16	3.841,74

(cont.)

Anexo 2. Demonstrativo de cálculo do contrato celebrado em 11/03/X9 – fls. ___

Número da parcela	Data de vencimento	Valor da parcela (R$)	Valor dos juros (R$)	Juros a.m.	Valor da amortização (R$)	Saldo devedor (R$)
135	10/06/X0	666,19	43,98	1,14%	622,21	3.219,54
136	10/07/X0	666,19	36,86	1,14%	629,33	2.590,21
137	10/08/X0	666,19	29,65	1,14%	636,54	1.953,67
138	10/09/X0	666,19	22,37	1,14%	643,82	1.309,85
139	10/10/X0	666,19	15,00	1,14%	651,19	658,65
140	10/11/X0	666,19	7,54	1,14%	658,65	0

Anexo 3. Relação de valores cobrados e pagos – fls.____

Data de vencimento	Valor cobrado no vencimento (R$)	Data de pagamento	Valor pago (R$)
10/09/X5	496,15	11/09/X5	496,15
10/10/X5	496,15	10/10/X5	496,15
10/11/X5	496,15	10/11/X5	496,15
10/12/X5	496,15	11/12/X5	496,15
10/01/X6	496,15	10/01/X6	496,15
10/02/X6	496,15	08/02/X6	496,15
10/03/X6	496,15	11/03/X6	496,15
10/04/X6	496,15	10/04/X6	496,15
10/05/X6	496,15	10/05/X6	496,15
10/06/X6	545,98	10/06/X6	545,98
10/07/X6	545,98	10/07/X6	545,98
10/08/X6	545,98	12/08/X6	545,98
10/09/X6	567,67	10/09/X6	567,67
10/10/X6	569,45	10/10/X6	569,45
10/11/X6	569,26	11/11/X6	569,26
10/12/X6	569,83	10/12/X6	569,83
10/01/X7	569,83	10/01/X7	569,83
10/02/X7	569,83	12/02/X7	569,83
10/03/X7	572,03	10/03/X7	572,03
10/04/X7	588,92	10/04/X7	588,92
10/05/X7	595,69	12/05/X7	595,69
10/06/X7	599,74	10/06/X7	599,74
10/07/X7	599,74	10/07/X7	599,74
10/08/X7	605,45	11/08/X7	605,45
10/09/X7	605,51	10/09/X7	605,51

(cont.)

Anexo 3. Relação de valores cobrados e pagos – fls.____

Data de vencimento	Valor cobrado no vencimento (R$)	Data de pagamento	Valor pago (R$)
10/10/X7	605,56	10/10/X7	605,56
10/04/X9	689,45	09/04/X9	689,45
10/05/X9	666,19	10/05/X9	666,19
10/06/X9	666,19	10/06/X9	666,19
10/07/X9	666,19	10/07/X9	666,19
10/08/X9	666,19	10/08/X9	666,19
10/09/X9	666,19	10/09/X9	666,19
10/10/X9	666,19	10/10/X9	666,19
10/11/X9	666,19	10/11/X9	666,19
10/12/X9	666,19	10/12/X9	666,19
10/01/X0	666,19	10/01/X0	666,19
10/02/X0	666,19	10/02/X0	666,19
10/03/X0	802,36	10/03/X0	802,36
10/04/X0	802,45	08/06/X0	873,26
10/05/X0	802,45	15/07/X0	448,45
		31/07/X0	448,45
10/06/X0	802,45	15/08/X0	448,00
		31/08/X0	448,00
10/07/X0	802,45	15/09/X0	448,45
		30/09/X0	448,45
10/08/X0	802,45	06/10/X0	896,00
10/09/X0	802,45	10/11/X0	882,00
10/10/X0	802,45	30/11/X0	884,05
10/11/X0	802,45	14/12/X0	856,85
10/12/X0	802,45	08/01/X1	848,85

(cont.)

Anexo 3. Relação de valores cobrados e pagos – fls.____

Data de vencimento	Valor cobrado no vencimento (R$)	Data de pagamento	Valor pago (R$)
10/01/X1	802,45	01/02/X1	837,65
10/02/X1	802,45	09/02/X1	902,45
10/03/X1	876,81	09/03/X1	876,81
10/04/X1	876,87	10/04/X1	876,87
10/05/X1	876,87	10/05/X1	876,87
10/06/X1	876,87	11/06/X1	876,87
10/07/X1	876,87	10/07/X1	876,87
10/08/X1	876,87	10/08/X1	876,87
10/09/X1	876,87	10/09/X1	876,87
10/10/X1	876,87	10/10/X1	876,87
10/11/X1	876,87	12/11/X1	876,87
10/12/X1	876,87	10/12/X1	876,87
10/01/X2	876,87	09/01/X2	876,87
10/02/X2	876,87	01/02/X2	876,87
10/03/X2	965,25	11/03/X2	965,25
10/04/X2	965,27	10/04/X2	965,27
10/05/X2	965,27	10/05/X2	965,27
10/06/X2	965,27	10/06/X2	965,27
10/07/X2	965,27	09/07/X2	965,27
10/08/X2	965,27	08/08/X2	965,27
10/09/X2	965,27	09/09/X2	965,27
10/10/X2	965,27	10/10/X2	965,27
10/11/X2	965,27	11/11/X2	965,27
10/12/X2	965,27	10/12/X2	965,27
10/01/X3	965,27	10/01/X3	965,27

(cont.)

Anexo 3. Relação de valores cobrados e pagos – fls.____

Data de vencimento	Valor cobrado no vencimento (R$)	Data de pagamento	Valor pago (R$)
10/02/X3	965,27	10/02/X3	965,27
10/03/X3	1.233,24	10/03/X3	1.233,24
10/04/X3	1.234,14	10/04/X3	1.234,14
10/05/X3	1.234,14	12/05/X3	1.234,14
10/06/X3	1.234,14	10/06/X3	1.234,14
10/07/X3	1.234,14	10/07/X3	1.234,14
10/08/X3	1.234,14	11/08/X3	1.234,14
10/09/X3	1.234,14	09/09/X3	1.234,14
10/10/X3	1.234,14	10/10/X3	1.234,14
10/11/X3	1.234,14	10/11/X3	1.234,14
10/12/X3	1.234,14	10/12/X3	1.234,14
10/01/X4	1.234,14	12/01/X4	1.234,14
10/02/X4	1.234,14	10/02/X4	1.234,14
10/03/X4	1.320,56	10/03/X4	1.320,56
10/04/X4	1.320,56	12/04/X4	1.320,56
10/05/X4	1.320,85	10/05/X4	1.320,85
10/06/X4	1.320,85	11/06/X4	1.320,85
10/07/X4	1.320,85	12/07/X4	1.320,85
10/08/X4	1.320,85	10/08/X4	1.320,85
10/09/X4	1.320,85	09/09/X4	1.320,85
10/10/X4	1.320,85	11/10/X4	1.320,85
10/11/X4	1.320,85	09/11/X4	1.320,85
10/12/X4	1.320,85	08/12/X4	1.320,85
10/01/X5	1.320,85	10/01/X5	1.320,85
10/02/X5	1.320,85	10/02/X5	1.320,85

(cont.)

Anexo 3. Relação de valores cobrados e pagos – fls.____

Data de vencimento	Valor cobrado no vencimento (R$)	Data de pagamento	Valor pago (R$)
10/03/X5	1.472,22	10/03/X5	1.472,22
10/04/X5	1.478,10	11/04/X5	1.478,10
10/05/X5	1.478,10	10/05/X5	1.478,10
10/06/X5	1.478,10	09/06/X5	1.478,10
10/07/X5	1.478,10	11/07/X5	1.478,10
10/08/X5	1.478,10	09/08/X5	1.478,10
10/09/X5	1.478,10	12/09/X5	1.478,10
10/10/X5	1.478,10	10/10/X5	1.478,10
10/11/X5	1.478,10	10/11/X5	1.478,10
10/12/X5	1.478,10	10/12/X5	1.478,10
10/01/X6	1.478,10	10/01/X6	1.478,10
10/02/X6	1.478,10	09/02/X6	1.478,10
10/03/X6	1.503,38	10/03/X6	1.503,38

Apêndice 2

Indexadores financeiros – 1996/2015

Variações percentuais mensais do Índice Nacional de Preços ao Consumidor Amplo (IPCA)

IPCA	1996	1997	1998	1999	2000	2001	2002	2003	2004	2005	2006	2007	2008	2009	2010	2011	2012	2013	2014	2015
Janeiro	1,34%	1,18%	0,71%	0,70%	0,62%	0,57%	0,52%	2,25%	0,76%	0,58%	0,59%	0,44%	0,54%	0,48%	0,75%	0,83%	0,56%	0,86%	0,55%	1,24%
Fevereiro	1,03%	0,50%	0,46%	1,05%	0,13%	0,46%	0,36%	1,57%	0,61%	0,59%	0,41%	0,44%	0,49%	0,55%	0,78%	0,80%	0,45%	0,60%	0,69%	1,22%
Março	0,35%	0,51%	0,34%	1,10%	0,22%	0,38%	0,60%	1,23%	0,47%	0,61%	0,43%	0,37%	0,48%	0,20%	0,52%	0,79%	0,21%	0,47%	0,92%	1,32%
Abril	1,26%	0,88%	0,24%	0,56%	0,42%	0,58%	0,80%	0,97%	0,37%	0,87%	0,21%	0,25%	0,55%	0,48%	0,57%	0,77%	0,64%	0,55%	0,67%	0,71%
Maio	1,22%	0,41%	0,50%	0,30%	0,01%	0,41%	0,21%	0,61%	0,51%	0,49%	0,10%	0,28%	0,79%	0,47%	0,43%	0,47%	0,36%	0,37%	0,46%	0,74%
Junho	1,19%	0,54%	0,02%	0,19%	0,23%	0,52%	0,42%	-0,15%	0,71%	-0,02%	-0,21%	0,28%	0,74%	0,36%	0,00%	0,15%	0,08%	0,26%	0,40%	0,79%
Julho	1,11%	0,22%	-0,12%	1,09%	1,61%	1,33%	1,19%	0,20%	0,91%	0,25%	0,19%	0,24%	0,53%	0,24%	0,01%	0,16%	0,43%	0,03%	0,01%	0,62%
Agosto	0,44%	-0,02%	-0,51%	0,56%	1,31%	0,70%	0,65%	0,34%	0,69%	0,17%	0,05%	0,47%	0,28%	0,15%	0,04%	0,37%	0,41%	0,24%	0,25%	0,22%
Setembro	0,15%	0,06%	-0,22%	0,31%	0,23%	0,28%	0,72%	0,78%	0,33%	0,35%	0,21%	0,18%	0,26%	0,24%	0,45%	0,53%	0,57%	0,35%	0,57%	0,54%
Outubro	0,30%	0,23%	0,02%	1,19%	0,14%	0,83%	1,31%	0,29%	0,44%	0,75%	0,33%	0,30%	0,45%	0,28%	0,75%	0,43%	0,59%	0,57%	0,42%	0,82%
Novembro	0,32%	0,17%	-0,12%	0,95%	0,32%	0,71%	3,02%	0,34%	0,69%	0,55%	0,31%	0,38%	0,36%	0,41%	0,83%	0,52%	0,60%	0,54%	0,51%	1,01%
Dezembro	0,47%	0,43%	0,33%	0,60%	0,59%	0,65%	2,10%	0,52%	0,86%	0,36%	0,48%	0,74%	0,28%	0,37%	0,63%	0,50%	0,79%	0,92%	0,78%	0,96%

Fonte: Instituto Brasileiro de Geografia e Estatística.

Variações percentuais mensais do Índice Nacional de Preços ao Consumidor (INPC)

INPC	1996	1997	1998	1999	2000	2001	2002	2003	2004	2005	2006	2007	2008	2009	2010	2011	2012	2013	2014	2015
Janeiro	1,46%	0,81%	0,85%	0,65%	0,61%	0,77%	1,07%	2,47%	0,83%	0,57%	0,38%	0,49%	0,69%	0,64%	0,88%	0,94%	0,51%	0,92%	0,63%	1,48%
Fevereiro	0,71%	0,45%	0,54%	1,29%	0,05%	0,49%	0,31%	1,46%	0,39%	0,44%	0,23%	0,42%	0,48%	0,31%	0,70%	0,54%	0,39%	0,52%	0,64%	1,16%
Março	0,29%	0,68%	0,49%	1,28%	0,13%	0,48%	0,62%	1,37%	0,57%	0,73%	0,27%	0,44%	0,51%	0,20%	0,71%	0,66%	0,18%	0,60%	0,82%	1,51%
Abril	0,93%	0,60%	0,45%	0,47%	0,09%	0,84%	0,68%	1,38%	0,41%	0,91%	0,12%	0,26%	0,64%	0,55%	0,73%	0,72%	0,64%	0,59%	0,78%	0,71%
Maio	1,28%	0,11%	0,72%	0,05%	-0,05%	0,57%	0,09%	0,99%	0,40%	0,70%	0,13%	0,26%	0,96%	0,60%	0,43%	0,57%	0,55%	0,35%	0,60%	0,99%
Junho	1,33%	0,35%	0,15%	0,07%	0,30%	0,60%	0,61%	-0,06%	0,50%	-0,11%	-0,07%	0,31%	0,91%	0,42%	-0,11%	0,22%	0,26%	0,28%	0,26%	0,77%
Julho	1,20%	0,18%	-0,28%	0,74%	1,39%	1,11%	1,15%	0,04%	0,73%	0,03%	0,11%	0,32%	0,58%	0,23%	-0,07%	0,00%	0,43%	-0,13%	0,13%	0,58%
Agosto	0,50%	-0,03%	-0,49%	0,55%	1,21%	0,79%	0,86%	0,18%	0,50%	0,00%	-0,02%	0,59%	0,21%	0,08%	-0,07%	0,42%	0,45%	0,16%	0,18%	0,25%
Setembro	0,02%	0,10%	-0,31%	0,39%	0,43%	0,44%	0,83%	0,82%	0,17%	0,15%	0,16%	0,25%	0,15%	0,16%	0,54%	0,45%	0,63%	0,27%	0,49%	0,51%
Outubro	0,38%	0,29%	0,11%	0,96%	0,16%	0,94%	1,57%	0,39%	0,17%	0,58%	0,43%	0,30%	0,50%	0,24%	0,92%	0,32%	0,71%	0,61%	0,38%	0,77%
Novembro	0,34%	0,15%	-0,18%	0,94%	0,29%	1,29%	3,39%	0,37%	0,44%	0,54%	0,42%	0,43%	0,38%	0,37%	1,03%	0,57%	0,54%	0,54%	0,53%	1,11%
Dezembro	0,33%	0,57%	0,42%	0,74%	0,55%	0,74%	2,70%	0,54%	0,86%	0,40%	0,62%	0,97%	0,29%	0,24%	0,60%	0,51%	0,74%	0,72%	0,62%	0,90%

Fonte: Instituto Brasileiro de Geografia e Estatística.

Variações percentuais mensais do Índice Geral de Preços – Disponibilidade Interna (IGP-DI)

IGP-DI	1996	1997	1998	1999	2000	2001	2002	2003	2004	2005	2006	2007	2008	2009	2010	2011	2012	2013	2014	2015
Janeiro	1,79%	1,58%	0,88%	1,15%	1,02%	0,49%	0,19%	2,17%	0,80%	0,33%	0,72%	0,43%	0,99%	0,01%	1,01%	0,98%	0,30%	0,31%	0,40%	0,67%
Fevereiro	0,76%	0,42%	0,02%	4,44%	0,19%	0,34%	0,18%	1,59%	1,08%	0,40%	-0,06%	0,23%	0,38%	-0,13%	1,09%	0,96%	0,07%	0,20%	0,85%	0,53%
Março	0,22%	1,16%	0,23%	1,98%	0,18%	0,80%	0,11%	1,66%	0,93%	0,99%	-0,45%	0,22%	0,70%	-0,84%	0,63%	0,61%	0,56%	0,31%	1,48%	1,21%
Abril	0,70%	0,59%	-0,13%	0,03%	0,13%	1,13%	0,70%	0,41%	1,15%	0,51%	0,02%	0,14%	1,12%	0,04%	0,72%	0,50%	1,02%	-0,06%	0,45%	0,92%
Maio	1,68%	0,30%	0,23%	-0,34%	0,67%	0,44%	1,11%	-0,67%	1,46%	-0,25%	0,38%	0,16%	1,88%	0,18%	1,57%	0,01%	0,91%	0,32%	-0,45%	0,40%
Junho	1,22%	0,70%	0,28%	1,02%	0,93%	1,46%	1,74%	-0,70%	1,29%	-0,45%	0,67%	0,26%	1,89%	-0,32%	0,34%	-0,13%	0,69%	0,76%	-0,63%	0,68%
Julho	1,09%	0,09%	-0,38%	1,59%	2,26%	1,62%	2,05%	-0,20%	1,14%	-0,40%	0,17%	0,37%	1,12%	-0,64%	0,22%	-0,05%	1,52%	0,14%	-0,55%	0,58%
Agosto	0,00%	-0,04%	-0,17%	1,45%	1,82%	0,90%	2,36%	0,62%	1,31%	-0,79%	0,41%	1,39%	-0,38%	0,09%	1,10%	0,61%	1,29%	0,46%	0,06%	0,40%
Setembro	0,13%	0,59%	-0,02%	1,47%	0,69%	0,38%	2,64%	1,05%	0,48%	-0,13%	0,24%	1,17%	0,36%	0,25%	1,10%	0,75%	0,88%	1,36%	0,02%	1,42%
Outubro	0,22%	0,34%	-0,03%	1,89%	0,37%	1,45%	4,21%	0,44%	0,53%	0,63%	0,81%	0,75%	1,09%	-0,04%	1,03%	0,40%	-0,31%	0,63%	0,59%	1,76%
Novembro	0,28%	0,83%	-0,18%	2,53%	0,39%	0,76%	5,84%	0,48%	0,82%	0,33%	0,57%	1,05%	0,07%	0,07%	1,58%	0,43%	0,25%	0,28%	1,14%	1,19%
Dezembro	0,88%	0,69%	0,98%	1,23%	0,76%	0,18%	2,70%	0,60%	0,52%	0,07%	0,26%	1,47%	-0,44%	-0,11%	-0,38%	-0,16%	0,66%	0,69%	0,38%	0,44%

Fonte: Fundação Getulio Vargas.

Variações percentuais mensais do Índice de Preços ao Consumidor (IPC)

IPC	1996	1997	1998	1999	2000	2001	2002	2003	2004	2005	2006	2007	2008	2009	2010	2011	2012	2013	2014	2015
Janeiro	1,82%	1,23%	0,24%	0,50%	0,57%	0,38%	0,57%	2,19%	0,65%	0,56%	0,50%	0,66%	0,52%	0,46%	1,34%	1,15%	0,66%	1,15%	0,94%	1,62%
Fevereiro	0,40%	0,01%	−0,16%	1,41%	−0,23%	0,11%	0,26%	1,61%	0,19%	0,36%	−0,03%	0,33%	0,19%	0,27%	0,74%	0,60%	−0,07%	0,22%	0,52%	1,22%
Março	0,23%	0,21%	−0,23%	0,56%	0,23%	0,51%	0,07%	0,67%	0,12%	0,79%	0,14%	0,11%	0,31%	0,40%	0,34%	0,35%	0,15%	−0,17%	0,74%	0,70%
Abril	1,62%	0,64%	0,62%	0,47%	0,09%	0,61%	0,06%	0,57%	0,29%	0,83%	0,01%	0,33%	0,54%	0,31%	0,39%	0,70%	0,47%	0,28%	0,53%	1,10%
Maio	1,34%	0,55%	0,52%	−0,37%	0,03%	0,17%	0,06%	0,31%	0,57%	0,35%	−0,22%	0,36%	1,23%	0,33%	0,22%	0,31%	0,35%	0,10%	0,25%	0,62%
Junho	1,41%	1,42%	0,19%	−0,08%	0,18%	0,85%	0,31%	−0,16%	0,92%	−0,20%	−0,31%	0,55%	0,96%	0,13%	0,04%	0,01%	0,23%	0,32%	0,04%	0,47%
Julho	1,31%	0,11%	−0,77%	1,09%	1,40%	1,21%	0,67%	−0,08%	0,59%	0,30%	0,21%	0,27%	0,45%	0,33%	0,17%	0,30%	0,13%	−0,13%	0,16%	0,85%
Agosto	0,34%	−0,76%	−1,00%	0,74%	1,55%	1,15%	1,01%	0,63%	0,99%	−0,20%	0,12%	0,07%	0,38%	0,48%	0,17%	0,39%	0,27%	0,22%	0,34%	0,56%
Setembro	0,07%	0,01%	−0,66%	0,91%	0,27%	0,32%	0,76%	0,84%	0,21%	0,44%	0,25%	0,24%	0,38%	0,16%	0,53%	0,25%	0,55%	0,25%	0,21%	0,66%
Outubro	0,58%	0,22%	0,02%	1,13%	0,01%	0,74%	1,28%	0,63%	0,62%	0,63%	0,39%	0,08%	0,50%	0,25%	1,04%	0,39%	0,80%	0,48%	0,37%	0,88%
Novembro	0,34%	0,53%	−0,44%	1,48%	−0,05%	0,61%	2,65%	0,27%	0,56%	0,29%	0,42%	0,47%	0,39%	0,29%	0,72%	0,60%	0,68%	0,46%	0,69%	1,06%
Dezembro	0,17%	0,57%	−0,12%	0,49%	0,26%	0,25%	1,83%	0,42%	0,67%	0,29%	1,04%	0,82%	0,16%	0,18%	0,54%	0,61%	0,78%	0,65%	0,30%	0,82%

Fonte: Fundação Instituto de Pesquisas Econômicas.

Variações percentuais mensais da Taxa Referencial (TR)

TR	1996	1997	1998	1999	2000	2001	2002	2003	2004	2005	2006	2007	2008	2009	2010	2011	2012	2013	2014	2015
Janeiro	1,25%	0,74%	1,15%	0,52%	0,21%	0,14%	0,26%	0,49%	0,13%	0,19%	0,23%	0,22%	0,10%	0,18%	0,00%	0,07%	0,09%	0,00%	0,11%	0,09%
Fevereiro	0,96%	0,66%	0,45%	0,83%	0,23%	0,04%	0,12%	0,41%	0,05%	0,10%	0,07%	0,07%	0,02%	0,05%	0,00%	0,05%	0,00%	0,00%	0,05%	0,02%
Março	0,81%	0,63%	0,90%	1,16%	0,22%	0,17%	0,18%	0,38%	0,18%	0,26%	0,21%	0,19%	0,04%	0,14%	0,08%	0,12%	0,11%	0,00%	0,03%	0,13%
Abril	0,66%	0,62%	0,47%	0,61%	0,13%	0,15%	0,24%	0,42%	0,09%	0,20%	0,09%	0,13%	0,10%	0,05%	0,00%	0,04%	0,02%	0,00%	0,05%	0,11%
Maio	0,59%	0,64%	0,45%	0,58%	0,25%	0,18%	0,21%	0,47%	0,15%	0,25%	0,19%	0,17%	0,07%	0,04%	0,05%	0,16%	0,05%	0,00%	0,06%	0,12%
Junho	0,61%	0,65%	0,49%	0,31%	0,21%	0,15%	0,16%	0,42%	0,18%	0,30%	0,19%	0,10%	0,11%	0,07%	0,06%	0,11%	0,00%	0,00%	0,05%	0,18%
Julho	0,59%	0,66%	0,55%	0,29%	0,15%	0,24%	0,27%	0,55%	0,20%	0,26%	0,18%	0,15%	0,19%	0,11%	0,12%	0,12%	0,01%	0,02%	0,11%	0,23%
Agosto	0,63%	0,63%	0,37%	0,29%	0,20%	0,34%	0,25%	0,40%	0,20%	0,35%	0,24%	0,15%	0,16%	0,02%	0,09%	0,21%	0,01%	0,00%	0,06%	0,19%
Setembro	0,66%	0,65%	0,45%	0,27%	0,10%	0,16%	0,20%	0,34%	0,17%	0,26%	0,15%	0,04%	0,20%	0,00%	0,07%	0,10%	0,00%	0,01%	0,09%	0,19%
Outubro	0,74%	0,66%	0,89%	0,23%	0,13%	0,29%	0,28%	0,32%	0,11%	0,21%	0,19%	0,11%	0,25%	0,00%	0,05%	0,06%	0,00%	0,09%	0,10%	0,18%
Novembro	0,81%	1,53%	0,61%	0,20%	0,12%	0,19%	0,26%	0,18%	0,11%	0,19%	0,13%	0,06%	0,16%	0,00%	0,03%	0,06%	0,00%	0,02%	0,05%	0,13%
Dezembro	0,87%	1,31%	0,74%	0,30%	0,10%	0,20%	0,36%	0,19%	0,24%	0,23%	0,15%	0,06%	0,21%	0,05%	0,14%	0,09%	0,00%	0,05%	0,11%	0,23%

Fonte: Banco Central do Brasil. "Sistema Gerenciador de Séries Temporais".

Variações percentuais mensais do Sistema Especial de Liquidação e de Custódia (Selic)

Selic	1996	1997	1998	1999	2000	2001	2002	2003	2004	2005	2006	2007	2008	2009	2010	2011	2012	2013	2014	2015
Janeiro	2,58%	1,73%	2,67%	2,18%	1,46%	1,27%	1,53%	1,97%	1,27%	1,38%	1,43%	1,08%	0,93%	1,05%	0,66%	0,86%	0,89%	0,60%	0,85%	0,94%
Fevereiro	2,35%	1,67%	2,13%	2,38%	1,45%	1,02%	1,25%	1,83%	1,08%	1,22%	1,15%	0,87%	0,80%	0,86%	0,59%	0,84%	0,75%	0,49%	0,79%	0,82%
Março	2,22%	1,64%	2,20%	3,33%	1,45%	1,26%	1,37%	1,78%	1,38%	1,53%	1,42%	1,05%	0,84%	0,97%	0,76%	0,92%	0,82%	0,55%	0,77%	1,04%
Abril	2,07%	1,66%	1,71%	2,35%	1,30%	1,19%	1,48%	1,87%	1,18%	1,41%	1,08%	0,94%	0,90%	0,84%	0,67%	0,84%	0,71%	0,61%	0,82%	0,95%
Maio	2,01%	1,58%	1,63%	2,02%	1,49%	1,34%	1,41%	1,97%	1,23%	1,50%	1,28%	1,03%	0,88%	0,77%	0,75%	0,99%	0,74%	0,60%	0,87%	0,99%
Junho	1,98%	1,61%	1,60%	1,67%	1,39%	1,27%	1,33%	1,86%	1,23%	1,59%	1,18%	0,91%	0,96%	0,76%	0,79%	0,96%	0,64%	0,61%	0,82%	1,07%
Julho	1,93%	1,60%	1,70%	1,66%	1,31%	1,50%	1,54%	2,08%	1,29%	1,51%	1,17%	0,97%	1,07%	0,79%	0,86%	0,97%	0,68%	0,72%	0,95%	1,18%
Agosto	1,97%	1,59%	1,48%	1,57%	1,41%	1,60%	1,44%	1,77%	1,29%	1,66%	1,26%	0,99%	1,02%	0,69%	0,89%	1,07%	0,69%	0,71%	0,87%	1,11%
Setembro	1,90%	1,59%	2,49%	1,49%	1,22%	1,32%	1,38%	1,68%	1,25%	1,50%	1,06%	0,80%	1,10%	0,69%	0,85%	0,94%	0,54%	0,71%	0,91%	1,11%
Outubro	1,86%	1,67%	2,94%	1,38%	1,29%	1,53%	1,65%	1,64%	1,21%	1,41%	1,09%	0,93%	1,18%	0,69%	0,81%	0,88%	0,61%	0,81%	0,95%	1,11%
Novembro	1,80%	3,04%	2,63%	1,39%	1,22%	1,39%	1,54%	1,34%	1,25%	1,38%	1,02%	0,84%	1,02%	0,66%	0,81%	0,86%	0,55%	0,72%	0,84%	1,06%
Dezembro	1,80%	2,97%	2,40%	1,60%	1,20%	1,39%	1,74%	1,37%	1,48%	1,47%	0,99%	0,84%	1,12%	0,73%	0,93%	0,91%	0,55%	0,79%	0,96%	1,16%

Fonte: Banco Central do Brasil. "Selic".

Bibliografia

ASSAF NETO, Alexandre. *Matemática financeira e suas aplicações.* 12ª ed. São Paulo: Atlas, 2012.

_____. *Mercado financeiro.* 12ª ed. São Paulo: Atlas, 2014.

BANCO CENTRAL DO BRASIL. "Museu de valores do Banco Central". Disponível em: http://www.bcb.gov.br/htms/museu-espacos/refmone.asp?idpai=CEDMOEBR. Acesso em: 15/3/2016.

_____. "Selic". Disponível em: http://www3.bcb.gov.br/selic/html/help_taxaSelic.html. Acesso em: 15/3/2016.

_____. "Sistema Gerenciador de Séries Temporais". Disponível em: https://www3.bcb.gov.br/sgspub/localizarseries/localizarSeries.do?method=prepararTelaLocalizarSeries. Acesso em: 24/11/2016.

BRASIL. Lei nº 5.869, de 11 de janeiro de 1973. *Diário Oficial da União.* Brasília: 1973. Disponível em: www.planalto.gov.br/ccivil_03/leis/L5869compilada.htm. Acesso em: 15/3/2016.

_____. Lei nº 8.177, de 1º de março de 1991. *Diário Oficial da União.* Brasília: 1991. Disponível em: http://www.planalto.gov.br/ccivil_03/LEIS/L8177.htm. Acesso em: 10/3/2016.

_____. Lei nº 13.105, de 16 de março de 2015. *Diário Oficial da União.* Brasília: 2015. Disponível em: www.planalto.gov.br/ccivil_03/_Ato2015-2018/2015/Lei/L13105.htm. Acesso em: 15/3/2016.

FORTUNA, Eduardo. *Mercado financeiro: produtos e serviços.* 19ª ed. Rio de Janeiro: Qualitymark, 2013.

FUNDAÇÃO GETULIO VARGAS. "Índices gerais de preços". Disponível em: http://portalibre.fgv.br/main.jsp?lumChannelId=402880811D8E34B9011D92B6160B0D7D. Acesso em: 15/3/2016.

FUNDAÇÃO INSTITUTO DE PESQUISAS ECONÔMICAS. "Índices de preços ao consumidor". Disponível em: http://www.fipe.org.br/pt-br/indices/ipc/#indice-mensal. Acesso em: 15/3/2016.

INSTITUTO BRASILEIRO DE GEOGRAFIA E ESTATÍSTICA. "Sistema Nacional de Índices de Preços ao Consumidor". Disponível em: http://www.ibge.gov.br/home/estatistica/indicadores/precos/inpc_ipca/defaultinpc.shtm. Acesso em: 15/3/2016.

JUSBRASIL. "Perícia financeira". Disponível em: http://www.jusbrasil.com.br/topicos/2388930/pericia-financeira. Acesso em: 15/3/2016.

MELLO, Paulo Cordeiro de. *A perícia no novo código de processo civil*. São Paulo: Trevisan, 2016.

_____. *Perícia contábil*. 2ª ed. São Paulo: Senac São Paulo, 2016.

VIEIRA SOBRINHO, José Dutra. *Matemática financeira*. 7ª ed. São Paulo: Atlas, 2013.

Gabaritos

Capítulo 1

1. R$ 286,00. 2. R$ 1.500,75. 3. 25%. 4. 7,45%. 5. R$ 6.086,71. 6. 3%.
7. R$ 1.344,00. 8. R$ 18,90. 9. 3%. 10. 1,7%. 11. R$ 1.125,00 de amortização, R$ 135,00 de juros, e R$ 1.260,00 de parcela. 12. 1,85%. 13. R$ 699,08.
14. 2%. 15. R$ 702,17.

Capítulo 2

1. R$ 755,55. 2. R$ 435,49. 3. 0,39%. 4. 184,89%. 5. R$ 377,34. 6. 14,13%.
7. R$ 978,95. 8. 4,98%. 9. R$ 2.278,70. 10. R$ 1.012,54.

Capítulo 3

1. a) R$ 468,75. b) R$ 908,38. c) R$ 7.951,93. d) R$ 47,45.
2. a) R$ 584,87. b) R$ 528,03. c) R$ 68,20. d) R$ 516,67.

Paulo Cordeiro de Mello é perito judicial, economista e contador graduado pela PUC-SP, com pós-graduação em avaliações periciais contábeis pela Fecap, e tem mais de 15 anos de experiência na área de perícia econômico-financeira e contábil. Possui nomeações como perito em diversas varas cíveis e anexos da Fazenda no estado de São Paulo, e atua como docente do Senac São Paulo e de outras instituições de ensino na disciplina de perícia contábil para os cursos de graduação e extensão.

www.ingramcontent.com/pod-product-compliance
Ingram Content Group UK Ltd.
Pitfield, Milton Keynes, MK11 3LW, UK
UKHW042006230426
12048UKWH00009B/589